Adolescências, Direitos e Medidas Socioeducativas em Meio Aberto

Coordenadora do Conselho Editorial de Serviço Social
Maria Liduína de Oliveira e Silva

Conselho Editorial de Serviço Social
Ademir Alves da Silva
Dilséa Adeodata Bonetti (*in memoriam*)
Elaine Rossetti Behring
Ivete Simionatto
Maria Lúcia Carvalho da Silva (*in memoriam*)
Maria Lucia Silva Barroco

Dados Internacionais de Catalogação na Publicação (CIP)
(Câmara Brasileira do Livro, SP, Brasil)

Rizzini, Irene
　　Adolescências, direitos e medidas socioeducativas em meio aberto / Irene Rizzini, Aldaíza Sposati, Antonio Carlos de Oliveira. — São Paulo : Cortez, 2019. — (Coleção temas sociojurídicos / coordenação Maria Liduína de Oliveira e Silva, Silvia Tejadas)

　　Bibliografia.
　　ISBN 978-85-249-2723-2

　　1. Adolescentes 2. Adolescentes - Educação 3. Assistentes sociais - Prática profissional 4. Desigualdade social 5. Educação social 6. Medida socioeducativa I. Sposati, Aldaíza. II. Oliveira, Antonio Carlos de. III. Silva, Maria Liduína de Oliveira e. IV. Tejadas, Silvia. V. Título. VI. Série.

19-24818　　　　　　　　　　　　　　　　　　　　　　　　　CDD-306.43

Índices para catálogo sistemático:
1. Adolescentes : Medidas socioeducativas : Sociologia educacional　306.43

Iolanda Rodrigues Biode - Bibliotecária - CRB-8/10014

Irene Rizzini
Aldaíza Sposati
Antonio Carlos de Oliveira

Adolescências, Direitos e Medidas Socioeducativas em Meio Aberto

São Paulo – SP
2019

ADOLESCÊNCIAS, DIREITOS E MEDIDAS SOCIOEDUCATIVAS EM MEIO ABERTO
Irene Rizzini, Aldaíza Sposati, Antonio Carlos de Oliveira

Capa: de Sign Arte Visual
Preparação de originais: Jaci Dantas
Revisão: Marcia Nunes
Projeto gráfico e diagramação: Linea Editora
Coordenação Editorial: Danilo Morales
Assessoria editorial: Maria Liduína de Oliveira e Silva
Editora-assistente: Priscila Flório Augusto

Nenhuma parte desta obra pode ser reproduzida ou duplicada
sem autorização expressa dos autores e do editor.

Copyright © 2019 by Autores

Direitos para esta edição
CORTEZ EDITORA
R. Monte Alegre, 1074 — Perdizes
05014-001 — São Paulo-SP
Tel.: + 55 11 3864 0111 / 3803 4800
cortez@cortezeditora.com.br
www.cortezeditora.com.br

Impresso no Brasil — março de 2019

Sumário

Apresentação da Coleção 7

Prefácio 9

Introdução 11

Capítulo 1 ■ Tensões da socioeducação: demanda punitivista e dimensão protetiva 29

Capítulo 2 ■ Medidas Socioeducativas em Meio Aberto: socioeducação com socioproteção 51

Capítulo 3 ■ Medidas Socioeducativas em Meio Aberto, judicialização e garantia de direitos 83

Conclusão 107

Referências 115

Leituras afins e/ou filmografia 123

Anexo 127

Apresentação da Coleção

A **Coleção Temas Sociojurídicos** se conforma na produção de um conjunto de obras articuladas que abordam diferentes temáticas inscritas na particularidade dos espaços sócio-ocupacionais, que o Serviço Social convencionou chamar de área sociojurídica, que reflete o trabalho profissional desenvolvido diretamente ou em interface com o Sistema de Justiça. Este Sistema, no geral, é composto por instituições como o Poder Judiciário, Ministério Público, Defensoria Pública, Sistema das Medidas de Proteção, Sistema de Execução das Medidas Socioeducativas, Sistema de Segurança Pública, Sistema Prisional e as redes de defesa, promoção e proteção do Sistema de Garantias de Direitos.

Almeja-se, a partir de produções individuais ou coletivas, descortinar as relações sociais de violência, de preconceito, de criminalização das expressões da questão social e as práticas conservadoras-higienistas produzidas pelas instituições do Sociojurídico, alinhadas ao arcabouço penal do Estado capitalista contemporâneo. Nessa direção, perscrutam-se fundamentos críticos, estratégias de resistência, sintonizadas com as lutas sociais e práticas pedagógicas emancipadoras que se coadunam com a liberdade, com a defesa dos direitos humanos e com o combate à desigualdade. Para tanto, propõe-se a dialética articulação teórico-prática, capaz de prospectar e repropor processos sociais cotidianos na práxis profissional.

O momento em que a Coleção é lançada é dramático. Avançam as reformas que elevam ao máximo os pressupostos liberais, ou seja, reduzem o alcance do incipiente Estado social brasileiro, alimentam o ódio em diversas dimensões da vida social, estimulando linchamentos morais e sociais, a exacerbação da prisão como medida de controle social e a intolerância para com a diferença. Nessa contextura, esta Coleção, na ótica da educação permanente, nasce para dialogar com a demanda crescente de profissionais e estudantes que atuam no Sociojurídico e buscam subsídios para compreender tais movimentos.

Espera-se que a aproximação com as obras que compõem a Coleção favoreça, entre autores e leitores, o compromisso com os sujeitos de direito que transitam entre essas instituições e estimule processos coletivos de resistência, exigibilidade e materialização de direitos.

Entre São Paulo e Porto Alegre.

Maria Liduina de Oliveira e Silva
Silvia Tejadas

Prefácio

Somos um país pobre, em análises de impacto de políticas sociais, seguindo rigores metodológicos. Frequentemente são achismos baseados em dados superficiais, muitas vezes moldados para sustentar uma opinião.

Se já é difícil implantar políticas sociais sustentáveis no Brasil —- aquelas que passam de governo para governo —- imagine sem o embasamento sobre sua eficácia.

Condena-se qualquer processo ao risco de erro. O que é bom pode ser encerrado, sem que se avalie o engano. O que é ruim pode continuar, sem nenhuma base.

Fala-se muito em segurança. Muitas vezes, especialmente, num momento eleitoral, de forma superficial e histérica. Assuntos tratados de forma histérica e superficial só podem resultar em soluções equivocadas.

Como jornalista, cansei de ver como os políticos, diante de desafios complexos, oferecem soluções simples, rápidas e, quase sempre, tolices. É assim que vemos a posse e porte de armas ou redução da maioridade penal apresentadas como soluções para a insegurança no país. Tivéssemos mais e melhores estudos, baseados em evidências inquestionáveis, seria menos difícil lutar contra o marquetismo dos políticos.

"Adolescências, Direitos e Medidas Socioeducativas em Meio Aberto" não é uma leitura obrigatória só a quem se preocupa seriamente com os riscos de nossa juventude marginalizada, mas para todos aqueles que buscam alternativas sólidas para nossa insegurança cotidiana. Juntaram-se três nomes respeitados na área acadêmica — Irene Rizzini, Antonio Carlos de Oliveira e Aldaíza Sposati — e duas universidades com excelência em investigações sociais — PUC Rio e São Paulo — para analisar 420 prontuários de jovens que passaram por medidas socioeducativas em meio aberto. Esses prontuários abrangeram 57 serviços. Saber até que ponto esses serviços funcionam é vital para a questão da segurança: afinal, a eficácia significa menos reincidência. Mais reincidência significa o fortalecimento de narrativas baseadas na estupidez de que "bandido bom é bandido morto", redução da maioridade penal, estímulo à justiça com as próprias mãos ou adesão à ilusão das milícias.

A análise rigorosa mostrou o pouco rigor com que o país trata esse assunto. Constatou-se ausência de acompanhamento nacional sobre o que se executa no meio aberto. Não há dados sobre os resultados dos jovens que passaram pelos serviços. Um exemplo gritante: no Distrito Federal, a incidência quase triplicou — isso mesmo, triplicou — mas ninguém sabe o motivo. Imagine se fosse, por exemplo, uma epidemia que triplicasse de um ano para o outro sem que o Ministério da Saúde não soasse o alarme.

Os autores mostram o risco de não ter delegacias especializadas para reduzir esse vazio de informações e cuidados, desde que o jovem é detido pela polícia. Essa investigação soa alarme de que precisamos estar muito mais equipados para saber com os jovens em particular, e a segurança no geral.

Gilberto Dimenstein, jornalista.

Introdução

Sobre este livro

A implicação ética com a população adolescente (e jovem)[1] discriminada e criminalizada pelo fato de pertencer a segmentos populares, e tratada como de pouco valimento social na sociedade brasileira levou a que três autores construíssem o conteúdo deste livro. Esta reflexão nasce com uma vocação própria — a de uma profunda indignação diante da incapacidade do país de responder de forma humana e efetiva a esse segmento de sua população jovem.

A relação de trato entre jovens e adolescentes está fortemente relacionada com a desigualdade e, nela, a forte presença do racismo direcionado ao

---

1. Dois breves esclarecimentos: a) Em nossas análises, o foco recai predominantemente sobre o grupo adolescente (12 a 18 anos), mas, quando aplicável, referimos a adolescente e jovem, pois ocorre que a aplicação ou o cumprimento da MSE-MA — por servir de referência a idade do autor na data de cometimento do ato infracional que lhe é atribuído e não de aplicação da MSE — pode se estender até a idade de 21 anos; b) Referimos à palavra adolescente (ou jovem) precedida do artigo definido no masculino em concordância com a convenção da língua portuguesa. Isso não significa que relegamos a segundo plano as especificidades das adolescentes que se encontram em cumprimento de MSE, ainda que em menor número.

jovem negro. São na maioria adolescentes e jovens de favelas, periferias e subúrbios de nossas cidades. O lugar onde vive grande parte desses adolescentes e jovens são territórios marcados pela destituição, pela espoliação e contínuo crescimento de mortes de adolescentes negros. Não raro ali opera a ordem de milícias que comandam um estado com normas que regulam o direito à vida.

O compromisso dos autores, neste conjunto de questões que se apresentam ao adolescente, está direcionado àqueles a quem é atribuido pelos operadores da Segurança Pública e pelo Sistema de Justiça a autoria de um ato infracional. Esses recebem sanções tipificadas em penalizações identificadas como medidas socioeducativas. Aos atos considerados mais graves — avaliação sempre sujeita a interpretações de operadores do Direito, sobretudo juízes e promotores, comportando significativo grau de subjetividade — é imputada a medida de internação (em "meio fechado") por tempo determinado, que ocorre em instituições do Sistema Estadual de Justiça ou do Sistema Estadual de Educação, como é o caso do Rio de Janeiro. Cada estado da federação se organiza de maneira distinta. Essa sanção se dá em cerca de 30% das ocorrências, incluindo-se nesse percentual a medida de semiliberdade — aquela em que adolescentes residem em uma unidade de cumprimento da medida, mas realizam externamente atividades educativas e de formação profissional. Aos atos considerados de menor gravidade — igualmente sujeitos à avaliação das autoridades competentes —, é indicada a frequência, por tempo determinado, a ações protetivas e socioeducativas realizadas em meio aberto sob a incumbência de Prefeituras.

É primordialmente desses 70% de adolescentes (e jovens) que recebem a medida socioeducativa em meio aberto que esta reflexão se ocupa. O meio aberto tem forte relação com o território de vivência dos jovens e, portanto, está carregado de inúmeros fatores, positivos e negativos, que demarcam o trato dos adolescentes e o alcance dos resultados da medida em meio aberto.

Pode-se inferir que a aplicação de uma medida socioeducativa em meio aberto extrapola os limites de condições individuais do adolescente, pois esta

Adolescências, Direitos e Medidas Socioeducativas em Meio Aberto

é também demarcada pelo conjunto de condições de que dispõe a população jovem de um mesmo território, de convivência cotidiana.

Os capítulos que compõem este livro desenvolvem uma análise comprometida com a perspectiva de contribuir para o debate, reportando-se a questionamentos fundamentados e proposições que possam indicar mudanças que se fazem urgentes. Os autores tecem considerações que visam ter outro alcance daquele empreendido até o presente. Pois entendem como inadmissível que se perpetuem remendos superficiais e soluções rápidas e inconsequentes. A intenção é a de superar tratamentos que de há muito já se comprovaram não atingir a raiz das implicações do problema, além de se mostrarem desumanos e ineficazes, como o encarceramento de adolescentes em idade cada vez mais precoce e por longos períodos.

Historicamente, as ações dirigidas a esse grupo foram marcadas por uma abordagem afeita ao Direito Penal, conquanto centradas na concepção desses jovens como representando um perigo para a sociedade. As intervenções encontravam-se adstritas ao âmbito do Poder Judiciário, com alguma interface com projetos ditos sociais por serem marcados por filosofia assistencialista, emergencial, filantrópica e individualista.

Após a promulgação do Estatuto da Criança e do Adolescente (ECA), em 1990, o discurso oficial brasileiro adquire outros contornos, compreendendo os adolescentes, agentes de tais atos, como sujeitos de direitos em etapa de construção de seu processo de desenvolvimento. Em que pese o relativo avanço representado pelo novo ordenamento normativo, a aplicação das medidas socioeducativas prosseguiu atrelada a concepções judicializantes, a partir de práticas coordenadas por órgãos vinculados ao próprio Poder Judiciário ou a Secretarias de Justiça e afins.

O campo das medidas socioeducativas em meio aberto, para além de sua retirada dos aparatos institucionais e estaduais repressores foi alterado pela sua vinculação com o poder local das prefeituras, e pela convocação do apoio da sociedade civil em sua efetivação. Todavia, não gerou ainda um referencial consolidado a partir de suas diversas formas de prática. Talvez se possa descrever a situação atual como a de ocorrência de múltiplos arranjos de execução da MSE-MA no país, sem que se disponha de referenciais que possibilitem a formação de convicção sobre os resultados socioeducativos e socioprotetivos em cada tipo desses arranjos.

O foco central sob análise neste livro são os processos de execução das medidas socioeducativas em meio aberto junto a adolescentes (e jovens). Isso significa que a eles ou a elas se atribuiu a autoria de uma infração penal. Esse fato pode ser interpretado pelo menos de duas formas. A mais usual é a de que cometeram uma infração e que são chamados a responder por seu ato. Nessa perspectiva, o cumprimento de MSE-MA é visto como uma punição. Outra forma de ver a questão é considerar que esses adolescentes, em sua maioria, agem em sintonia com os contextos nos quais vivem. Pois cresceram, em sua grande maioria, em condições de vida profundamente deterioradas; curtas vidas marcadas pela violência como forma de resolução de problemas e pelo desrespeito aos seus desejos e necessidades; cotidianamente expostos ao conflito armado e à confusão de poderes nos constantes confrontos entre os agentes do crime e os da lei. Nessa perspectiva, com esses jovens o Estado falhou, não tendo sido capaz de lhes assegurar cuidado e proteção.

Para além da retórica e da promessa de realização de direitos, particularmente não cumprida no caso desses jovens, é de fundamental importância olhar de perto os pontos nevrálgicos que atravessam a prática cotidiana da oferta de cuidado e proteção no atendimento aos adolescentes em cumprimento de MSE-MA. Para tal reflexão, toma-se como base resultados de uma pesquisa realizada pelos autores nas cidades do Rio de Janeiro e de São Paulo. Pela quantidade de situações analisadas e pela complexidade que o tema assume nas duas metrópoles, onde se concentra o maior número de adolescentes em cumprimento de MSE-MA no país, a pesquisa trouxe a oportunidade de revisitar a questão, não só do ponto de vista local, mas com inflexão nacional. Além disso, a pesquisa iluminou importantes desafios a serem priorizados na atenção aos adolescentes em cumprimento de medida socieducativa em meio aberto no Brasil.

Adolescentes em cumprimento de Medidas Socioeducativas em Meio Aberto: aspectos históricos

Desde as lutas sociais dos anos 1980 — anteriores à CF/88, portanto — direcionadas para construção e aprovação do ECA, já se vão quase quarenta anos. Esse tempo indica que neste final da segunda década do terceiro milênio (2017/18), estão trabalhando, com a aplicação de MSE-MA, a terceira ou quarta geração de trabalhadores sociais que se aproximaram dessa questão.

As mudanças no tratamento das MSE-MA podem ser constatadas em documentos e dispositivos institucionais, mas seu ponto de partida está na sociedade civil entre os anos 1970 e 1980. A ideia de meio aberto supôs uma nova amplitude no trato da medida socioeducativa. Ela deslocou a responsabilidade estatal para a sociedade civil e para a família, forjando um imaginário de secundariedade da ação estatal que deveria se ater à infraestrutura e financiamento, apoiando a presença e pertinência da ação da sociedade civil na execução da MSE-MA. Desse modo, foi construído um novo paradigma para a MSE-MA, que colocou em cena a responsabilidade de diferentes sujeitos, com novos compromissos perante a questão, o que nem sempre significou fluente adesão de cada um deles.

Pelos registros consultados e a experiência dos autores, afirma-se que a ação da sociedade civil mostrou anterioridade na alteração de compromissos em prol da proteção integral e da garantia de defesa de direitos dos adolescentes e jovens determinada pelo ECA.

Os consensos sociais de militantes da causa e dos Conselhos de Direitos da Criança e do Adolescente foram, porém, sendo substituídos por procedimentos normatizados, que se espraiaram em dispositivos e fluxos institucionais e interinstitucionais. O debate sobre o significado do compromisso com as medidas socioeducativas que apaixonou lutas sociais dos anos 1980 e 1990 vem tendendo, como diz Bauman, a se liquefazer, caso sua leitura ocorra tão só por dispositivos jurídicos e procedimentais.

O emaranhado de dispositivos dificulta a leitura da clara relação entre fins e meios, seu atravessamento pelas relações de poder e sua efetiva compatibilidade com as expressões do real. Por outro lado, a MSE-MA deve ter uma leitura que supere sua individualização e a insira na realidade de vida dos adolescentes e suas famílias nos desiguais bairros das cidades brasileiras.

A reflexão dos autores deste livro parte de pesquisa realizada em duas metrópoles. Parte, portanto, do real e do convívio com técnicos referenciados na atenção aos adolescentes em MSE-MA, quer no Rio de Janeiro como em São Paulo. Esses reforçaram seu envolvimento, a exaustão, na elaboração e apresentação em prazos determinados pelo Sistema de Justiça, de relatórios descritivos de suas ações e as dos adolescentes. Essa forma judicializada de trabalho termina por restringir o tempo socioeducativo e o socioprotetivo que constituem a dinâmica da medida.

A aplicação de MSE-MA tem por demanda adolescentes (12 a 18 anos incompletos, por vezes alcançando até 21 anos durante a medida) a quem foi atribuída autoria de ato infracional e que receberam, de um Juiz da Vara da Infância e Adolescência, a determinação de cumprir uma medida socioeducativa em meio aberto, isto é, sem restrição de liberdade. Esse processo recebeu tratamentos diversos ao longo de sua trajetória.

O nascimento da MSE-MA tem assentamento na ação da Pastoral do Menor, isto é, uma ação cristã solidária, sob os auspícios da sociedade civil em defesa da criança e do adolescente. Ela ainda hoje se define com a preocupação de:

> [...] estimular um processo que visa à sensibilização, à conscientização crítica, à organização e à mobilização da sociedade como um todo, na busca de uma resposta transformadora, global, unitária e integrada à situação da criança e os adolescentes empobrecidos e em situação de risco, promovendo, nos projetos de atendimento direto, a participação da criança e do adolescente como protagonistas do mesmo processo (Organização Pastoral da Arquidiocese de São Paulo. Pastoral do Menor, 2010).

Como se lê e se depreende, há, desde o nascedouro, força constitutiva da medida em meio aberto, a MSE-MA, que direciona a dinâmica da ação à sociedade civil, à prática solidarista e não ao estado propriamente dito. Pode-se aventar a hipótese de que foi atribuído a "meio aberto" e à "sociedade civil" significado similar, pois a experiência mostra que a ação da MSE-MA se deu pela sociedade civil. Grupos organizados foram acompanhados por um agente estatal que exercia a mediação entre a ação dos agentes da sociedade com o Sistema de Justiça, conferindo-lhes veracidade.

Enquanto a Pastoral do Menor estendia seu trabalho país afora, a MSE-MA na cidade do Rio de Janeiro seguiu percurso distinto e centrado na autoridade federal. A gestão da MSE e MSE-MA por órgãos federais foi intensa no Rio de Janeiro. Assim, o processo de municipalização para a cidade do Rio de Janeiro teve que ser antecedido pelo de estadualização da gestão da MSE pelo Estado do Rio de Janeiro. Como ex-capital federal, a cidade foi sede — durante o período da ditadura militar — da Fundação Nacional do Bem-Estar do Menor (FUNABEM), que, após a aprovação do ECA em 1990, foi renomeada Fundação Centro Brasileiro para a Infância e Adolescência (FCBIA). Ambas foram, a seus respectivos tempos, as responsáveis pela execução das medidas socioeducativas na cidade e no estado do Rio de Janeiro. O Estado do Rio de Janeiro foi a última Unidade da Federação que permaneceu com estrutura federal para a execução de MSE. Com a intenção de obter a aprovação da estadualização, o Governo do Estado do Rio de Janeiro expediu, em 1993, o Decreto n. 18.493, de 26/01/93, criando o Departamento Geral de Ações Socioeducativas (DEGASE). A seguir, em 1994, quando foi extinta a FCBIA, o DEGASE a incorporou. Sentido inverso seguiu a Fundação Estadual do Bem-Estar do Menor de São Paulo (FEBEM-SP) que, desde o início dos anos 1980, sob pressão de organizações do movimento em defesa dos direitos de crianças e adolescentes, foi obrigada a desconcentrar regionalmente sua ação em polos regionais no Estado e na capital de São Paulo. Implantou, em São Paulo, em 1982, o Polo Sul, em 1984, os Polos Leste e Oeste, e o Polo Norte, em 1985. Por meio desses polos, formalizou convênios com Organizações da Sociedade Civil (OSC) para a prática de MSE-MA.

Esse processo de descentralização articulado pela sociedade civil contou com a força dos Centros de Defesa de Direitos de Crianças e Adolescentes (CEDECAs). Essa forma de gestão, anterior ao processo de municipalização e ao SUAS (Sistema Único de Assistência Social), fortaleceu a gestão por organizações da sociedade civil. O CEDECA Mônica Paião Trevisan, conhecido como CEDECA Sapopemba, foi um dos primeiros a celebrar convênio com a FEBEM-SP, em 1997.

Em 2003, o Tribunal de Contas da União (TCU) apresentou relatório de auditoria, realizada no Programa "Reinserção Social do Adolescente em Conflito com a Lei", subordinado à Secretaria Especial de Direitos Humanos da Presidência da República, e nele podem ser destacadas seis metas a serem alcançadas que se referem ao meio aberto e bem antes de o SINASE ser aprovado:

- Criação de delegacias especializadas em investigação de atos infracionais praticados por adolescentes;

- Implantação de serviços de atendimento a adolescentes com medidas socioeducativas não privativas de liberdade;

- Implantação de serviços sociopsicopedagógicos destinados aos adolescentes em conflito com a lei e sua família;

- Atendimento socioeducativo ao adolescente em conflito com a lei;.

- Estudos e pesquisas na área de reinserção social do adolescente em conflito com a lei;

- Promoção de eventos relativos à reinserção social do adolescente em conflito com a lei.

Como se sabe, a existência de Delegacias Especializadas em Crianças e Adolescentes é, ainda, mais uma expectativa do que propriamente um instrumento efetivamente implementado de garantia de direitos de crianças, adolescentes e jovens. A importância dessa Auditoria do TCU se dá pelo fato de ter realizado um tipo de censo do que ocorria em MSE-MA no país. Mais do que o desejo do dever ser, essa Auditoria traçou a realidade múltipla e fragmentada da MSE-MA no país. Infelizmente, muito do que registrou ainda pode ser encontrado passados 15 anos.

O Plano Plurianual de 2008-2011 do Orçamento federal incluiu o cofinanciamento federal no "Serviço de proteção social aos adolescentes em cumprimento de medidas socioeducativas de LA e PSC". Informe da Secretaria Nacional de Assistência Social (SNAS/MDS), desse período, assinala que o financiamento federal seria dirigido à implantação de Centro de Referência Especializado de Assistência Social (CREAS). Caberia a esses instalar o Serviço de MSE mediante o funcionamento de grupos de 40 adolescentes. Naquele momento: registrava-se que a MSE-MA era executada no país por: a) instituições vinculadas ao modelo FUNABEM; b) execução direta pelo Poder Judiciário; c) programas desenvolvidos pelos municípios com a participação direta de OSCs. Em 1021 municípios estavam instalados 1057 CREAS, comportando 388 grupos de 40 adolescentes, alcançando o total de 32.920 adolescentes que recebiam pouco mais de 2 milhões de reais/ano em verbas federais. Previa-se que em 2010 esse número subiria para 872 municípios e 70.400 adolescentes e um financiamento dos municípios elevado para 3,8 milhões de reais/ano. Note-se que a regulação orçamentária impunha uma atenção massiva com grupos de 40 adolescentes, o que se mostrou inadequado.

A Resolução n. 109, do Conselho Nacional de Assistência Social (CNAS), de 11 de novembro de 2009, tipificou o Serviço de Proteção Social a Adolescentes em Cumprimento de Medida Socioeducativa de Liberdade Assistida (LA) e de Prestação de Serviços à Comunidade (PSC) como proteção especializada de média complexidade na Política Nacional de Assistência Social (PNAS), de 2004, e, por consequência, no Sistema Único de Assistência Social (SUAS). Foi estabelecida a unidade gestora da assistência social no município (em geral, uma secretaria municipal), cabendo a ela a responsabilidade pelo Serviço de Proteção ao Adolescente, bem como a de articular as atenções intersetoriais para a execução das MSE-MA.

A materialização pelo SUAS, em 2009, de um serviço específico de MSE-MA não estava presente no ECA. Mas o mesmo ocorreu com Lei

n. 12.594, de 18 de janeiro de 2012, que criou o Sistema Nacional de Atendimento Socioeducativo (SINASE). Ambas as legislações consideram que a Política de Assistência Social tem caráter colaborativo na perspectiva intersetorial da atenção ao adolescente. O SINASE aponta que a aplicação da MSE-MA poderá se dar sob cuidados da área de educação ou da assistência social. Ele não menciona o serviço tipificado no SUAS de proteção ao adolescente, embora ele já existisse antes de 2012. Ele se limita a afirmar que o município deve manter um novo Sistema Municipal de Atendimento Socioeducativo. Encarrega o município de proceder, com o apoio de outras instâncias federativas, o atendimento inicial de adolescente apreendido para apuração de ato infracional, bem como aqueles destinados a adolescente a quem foi aplicada MSE-MA. Recomenda a relação vertical com as instâncias estadual e federal.

De forma inadequada, é utilizada a expressão "programas de atendimento" para com a responsabilidade municipal. Esse caráter vago não imprime garantia de continuidade e de responsabilidade estatal para com o direito de quem recebe o atendimento, isto é, o adolescente. Pior ainda é o fato de que essa regulação se refere a milhares de municípios heterogêneos. Há um suposto, no SINASE, de que os órgãos envolvidos seguem os mesmos princípios, o que não deixa de ser uma visão otimista, visto que a herança institucional difusa, somada à forte diversidade regional, econômica, cultural do País, e à hierarquia de poderes, Executivo, Judiciário e Legislativo, tendem a se sobrepor, em linhas de mando e submissão.

O SINASE, ao estabelecer a competência de entes federativos, dispõe que cada um dos 5.570 municípios brasileiros deva ser provido com o Sistema Municipal de Atendimento Socioeducativo, além dos Conselhos e Fundos Municipais de Direitos da Criança e do Adolescente, já estabelecidos pelo ECA. Isso implica contar com o Plano Municipal de Atendimento Socioeducativo seguindo os similares estadual e nacional, e a Comissão Intersetorial do SINASE, de âmbito municipal.

O processo de municipalização da execução das MSE-MA foi gradual, sendo estimulado pela instância federal em cada Estado. A

Secretaria Nacional de Direitos Humanos (SEDH) desenvolveu esforços na direção da municipalização no Rio de Janeiro e o governo estadual realizou múltiplos seminários com participantes dos 92 municípios do estado. A organização desse trabalho foi realizada pelo DEGASE, uma particularidade na formatação estadual do governo do Rio de Janeiro. No Estado do Rio, os órgãos gestores das medidas socioeducativas em meio aberto são: a autoridade judiciária da Vara da Infância e da Juventude, o Ministério Público, o DEGASE e a Prefeitura Municipal/Secretaria de Assistência Social e nela os Centros de Referência Especializados de Assistência Social (CREAS).

Note-se que o movimento de descentralização e municipalização das MSE-MA no Rio de Janeiro seguiu um rumo mais estatal e unitário do que o de São Paulo, quer no âmbito do Sistema de Justiça, quer na instalação dos serviços de acompanhamento dos adolescentes e jovens em MSE-MA, centrados na precedência de funcionamento de um CREAS. Há uma diferença de tempo entre o início da experiência nas duas realidades. Em São Paulo, ela ocorreu em data anterior a de PNAS-04, da Tipificação Nacional de Serviços Socioassistenciais, de 2009, e sob forte cultura instalada desde os anos de 1970, fundada no protagonismo da sociedade civil na defesa de direitos humanos e sociais. O movimento paulista adotou como reivindicação a oferta do Estado de condições para ação das OSCs, cabendo a elas operarem de acordo com os direitos.

O Serviço de Proteção Social a Adolescentes em Cumprimento de Medidas Socioeducativas em Meio Aberto — MSE-MA, seja instalado no CREAS ou fora dele, é mantido pela gestão municipal do SUAS, com recursos advindos do Tesouro Municipal alocados no Fundo Municipal de Assistência Social (FMAS), contando com eventuais transferências do Fundo Nacional de Assistência Social (FNAS). Os trabalhadores desse serviço não são subordinados ao Sistema de Justiça ou a seus operadores; pertencem ao Executivo. Fica, portanto, uma questão aberta quanto à relação do SUAS — e desse serviço — com o Sistema de Justiça, sobretudo quanto à responsabilidade que cabe aos agentes municipais do SUAS.

O processo de instalação em nova institucionalidade da aplicação da MSE-MA sob novo paradigma e sob abordagem territorial local tem sido lento. Pode-se afirmar, como insinuado anteriormente, que nem sempre se pode contar com plena adesão de agentes públicos e privados para se envolverem em novos compromissos e responsabilidades no âmbito social.

A Secretaria Nacional de Assistência Social (SNAS/MDS) publicou em junho de 2018 resultado de coleta nacional procedida nos 5.570 municípios (datada de fevereiro e março de 2018) sobre a aplicação da MSE-MA no SUAS, e alguns dados obtidos sincronizam com determinadas preocupações até aqui instaladas (MDS. SNAS. DG-SUAS, 2018).

Os dados indicam que foram recebidos 146.821 adolescentes para acompanhamento da execução de MSE-MA, sendo 43% em PSC e 57% em LA. Em somente 1/3, ou 29% dos municípios, o Serviço de MSE-MA do SUAS está instalado no CREAS, sendo que 19% deles o instalou no CRAS (provavelmente, devem ser pequenos municípios que não dispõem de CREAS). Portanto, o SUAS utiliza de Centros de Referência para instalar o serviço de MSE-MA em 48% dos municípios. Em outros 32% dos municípios, é utilizada a sede de outros serviços do SUAS (28% em outra unidade estatal, sem ser o CREAS, e em 4%, o espaço de outro serviço do SUAS). De acordo com SNAS/2018, 20% dos municípios brasileiros se utilizam de locais conveniados com OSCs.

São 2/3 dos municípios brasileiros (79%) que prestam serviços de MSE-MA, e 65% deles afirmam relacionar-se com o Sistema de Justiça, e 14% nada indicam. Fica a questão sobre qual o tipo de relação estabelecida ou pactuada entre a gestão do Executivo municipal e o Sistema de Justiça, quanto aos adolescentes em MSE-MA. A quase totalidade dos municípios (85%) afirma não ter sido instalada a Comissão Intersetorial do SINASE, mas, em contrapartida, 58% dos municípios possuem o Plano Municipal de Atendimento Socioeducativo.

Os Estados da Região Sul são os principais protagonistas da alternativa de parceria com OSCs: entre 970 locais que utilizam, 610 são conveniados. No Estado de São Paulo, 55.404 adolescentes são atendidos sob convênio.

A esses se somam outros 30.913, atendidos em municípios dos Estados da Bahia, Santa Catarina e Rio Grande do Sul.

Cerca de 50% dos adolescentes do País, em MSE-MA, estão sendo atendidos por OSC conveniadas pelo SUAS; 44% pelos CREAS e os restantes 6% por várias modalidades, entre elas, 2% nos CRAS. Pelos dados obtidos, há que se afirmar que o SUAS está operando a MSE-MA nos municípios. Esse conjunto de informações reforça a necessidade de aprofundar a relação entre o socioeducativo e o socioprotetivo com crianças e adolescentes.

Os adolescentes em MSE-MA podem ou não contar com equipe específica de atenção, pois, para aqueles atendidos pelos CREAS, as equipes não são exclusivas. Isso ocorre, também, pelos que são atendidos pelos CRAS. Cerca de 40% dos CREAS incluem as famílias dos adolescentes no serviço de Proteção e Atendimento Especializado a Famílias e Indivíduos (PAEFI) e 32% dos CRAS o fazem no serviço de Proteção e Atendimento Integral à Família (PAIF). Foi indicado que, em 21% dos municípios, são as equipes específicas que atendem aos adolescentes.

Fica constatado por esse levantamento da SNAS/2018 que a presença do SUAS é intensa na aplicação da MSE-MA no ano de 2018 (MDS/SNAS/DG-SUAS).

Adolescentes em cumprimento de Medidas Socioeducativas em Meio Aberto: Aportes de uma pesquisa[2]

A pesquisa *Juventude e Cumprimento de Medidas Socioeducativas em Meio Aberto: entre a Garantia de Direitos e a Judicialização* teve por base empírica as

---

2. A pesquisa foi desenvolvida em parceria entre a PUC-Rio (Departamento de Serviço Social e Centro Internacional de Estudos e Pesquisas sobre a Infância — CIESPI/PUC-Rio) e a PUC-SP (Programa de Estudos Pós-Graduados em Serviço Social — PEPGSSO — e Núcleo de Estudos e Pesquisa

medidas socioeducativas em meio aberto dirigidas à população juvenil a quem se atribui autoria de ato infracional, tais como as executadas nos municípios do Rio de Janeiro e de São Paulo. O objetivo foi discutir aspectos da implementação da execução das medidas em meio aberto, buscando identificar a presença de elementos que apontam para um processo estrito de judicialização (execução pura e simples de uma medida judicial) e aqueles que apontam para a garantia de direitos dos adolescentes atendidos e de suas famílias.

A materialidade da análise ocorreu a partir do exame de 420 prontuários — 100 na cidade do Rio de Janeiro e 320 na cidade de São Paulo — referentes a adolescentes com medidas socioeducativas em meio aberto encerradas em 2016. A medida aplicada — Liberdade Assistida (LA) e Prestação de Serviços à Comunidade (PSC) — deveria ser original ao ato infracional, ou seja, não uma progressão de medida socioeducativa anterior. A divisão dos prontuários considerou três grupos etários (12-14 anos; 15-17 anos; 18 anos ou mais). E, por fim, a inclusão de ambos os sexos, sempre garantido o sigilo quanto à identidade dos sujeitos da pesquisa.

A consulta aos prontuários, realizada em dia e horário marcado após prévio contato de apresentação do estudo, foi realizada por pesquisador isoladamente, ou em duplas, centrando-se inicialmente no exame do Plano Individual de Atendimento (PIA) e, a seguir, no exame do conteúdo dos relatórios preparados e submetidos ao Juiz, responsável pela medida, pelos técnicos que acompanham a execução da medida nos seus respectivos territórios de ação. O registro dos dados obtidos pelo pesquisador era transferido para formulário preparado para tal finalidade, que recebeu posterior tratamento estatístico e qualitativo.

A partir dessa pesquisa de campo, foi possível estar em contato com os técnicos operadores do Serviço de Proteção Social a Adolescentes em

---

em Seguridade e Assistência Social — NEPSAS). A relação de pesquisadores que participaram da pesquisa encontra-se no anexo. Na PUC-Rio, a pesquisa contou com o apoio do Ministério de Educação (MEC/SESU, Edital PROEXT 2015). Em São Paulo os pesquisadores mestrandos e doutorandos foram bolsistas CAPES e CNPq e alguns voluntários.

Cumprimento de Medida Socioeducativa de Liberdade Assistida (LA), e de Prestação de Serviços à Comunidade (PSC)[3].

A primeira constatação foi a de que esse serviço é organizado de modo próprio pela prefeitura de cada cidade. Na cidade do Rio de Janeiro, o serviço é prestado no interior dos 14 CREAS. Em São Paulo, estavam instalados em 60 locais, em prédios isolados, gerenciados por uma Organização da Sociedade Civil (OSC), sendo a equipe de atenção contratada por essa OSC. Dois modelos diversos de gestão da responsabilidade pública estatal e de relação da Prefeitura com o Sistema de Justiça.

Embora não tenha sido objeto de análise o modo de gestão da MSE-MA a partir da municipalização, que já contempla uma década, ficou patente aos autores que essa questão não tem recebido a suficiente e necessária atenção pelo Sistema de Justiça. Não se conta, por exemplo, com dados nacionais do Sistema de Justiça que permitam uma leitura do que vem ocorrendo com a aplicação dessa medida. A análise do real está fragmentada em registros de apreciação de cada Juiz, face a cada um dos adolescentes e em prontuários espalhados por diferentes formas de arquivamento, sem acesso universal. Assim, não se pode afirmar se a dinâmica de aplicação da MSE-MA, pelas gestões municipais, está garantindo tratamento isonômico no que tange à garantia de direitos dos adolescentes e à sua proteção integral.

O trato genérico construído pelo Sistema Nacional de Atendimento Socioeducativo (SINASE), ao atribuir acompanhamento da execução da MSE-MA, que é referida à diretriz da intersetorialidade, não evidencia a presença ou a centralidade, na gestão municipal, do Serviço de Proteção Social a Adolescentes em Cumprimento de Medida Socioeducativa de Liberdade Assistida (LA), e de Prestação de Serviços à Comunidade (PSC). Por consequência, nas metrópoles ocorre baixa adesão dos serviços sociais territoriais das diversas políticas, como educação, saúde, lazer, cultura etc.

---

3. Serviço instituído pela Tipificação Nacional de Serviços Socioassistenciais – Resolução CNAS/MDS n. 109, de 11 de novembro de 2009. Trata-se de Serviço de Proteção Social Especial de Média Complexidade do Sistema Único de Assistência Social (SUAS).

Essas duas observações de campo surpreenderam os pesquisadores, pois se traduziram em poucas e limitadas possibilidades institucionais para a ação dos agentes institucionais — psicólogos, assistentes sociais, pedagogos, advogados — junto aos adolescentes e jovens em MSE-MA.

Foi precioso o contato dos pesquisadores com os técnicos em 57 locais de operação do Serviço de Proteção Social a Adolescentes em Cumprimento de Medida Socioeducativa de Liberdade Assistida (LA) e de Prestação de Serviços à Comunidade (PSC). No decorrer da pesquisa, tivemos a oportunidade de conviver, ainda que por pouco tempo, com distintas realidades nos diversos espaços de oferecimento do serviço nos dois municípios visitados. Ali, nos deparamos com imensa riqueza de detalhes apreendidos na interação com o campo, conversando com profissionais, lendo prontuários e relatórios, entrando em contato com os lapsos entre o sistema de justiça e os operadores das medidas, e testemunhando a precariedade da oferta de atenções e direitos de cidadania aos adolescentes e a seus familiares nas localidades em que vivem.

O acolhimento e os esclarecimentos prestados pelos técnicos durante a consulta aos prontuários viabilizaram oportuno acesso a muitos conteúdos, lembranças, reflexões, alusões a referenciais teóricos e políticos de forma espontânea e genuína, constituindo acervo substancial para responder às indagações da pesquisa. Foi possível conhecer de perto os espaços ofertados, sua coerência e consistência com o tipo de trabalho efetuado, o volume de trabalho por operador, a segurança/insegurança com que conta, o processo de arquivamento de informações e seu manuseio, o sentido de equipe, entre outras tantas importantes observações. Embora essas questões não fossem objeto principal da pesquisa, elas revelaram a preocupação dos autores em contribuir para a qualificação das intervenções das equipes do Serviço de Proteção Social aos adolescentes atendidos.

Cabe destacar que a pesquisa foi desenvolvida paralelamente nas duas cidades, atentando-se para as especificidades da execução das medidas em cada uma delas. Seu desenvolvimento englobou levantamento de dados, diagnóstico e análise crítica sobre a implementação do serviço em face do mandato da Política de Assistência Social e, especificamente, do Sistema Único de Assistência Social (SUAS) na garantia de direitos à população adolescente em cumprimento de medidas socioeducativas em meio aberto.

Ao longo dos próximos capítulos, diversos elementos da pesquisa serão aprofundados, ilustrando questões que emergiram a desafiar lugares comuns e equívocos que permanecem presentes nos debates e nas práticas correntes sobre a execução de MSE-MA no Brasil.

O capítulo 1 examina o debate e as tensões no campo sociojurídico, tendo em vista a coexistência de posições e ações de caráter socioeducativo, punitivo e protetivo na execução de medidas socioeducativas ao adolescente a quem se atribui autoria de ato infracional, em particular aquelas que se realizam em meio aberto. Realiza breve contextualização histórica sobre a construção das noções de criminalidade e periculosidade atribuídas ao chamado "menor", como elementos importantes que antecedem a criação do ideário da socioeducação e das medidas socioeducativas no Brasil.

O capítulo 2 analisa o estatuto institucional de aplicação da MSE-MA, a partir da gestão municipal do Sistema Único de Assistência Social (SUAS). Trata de características da Medida Socioeducativa em Meio Aberto (MSE-MA) a partir da relação cotidiana que estabelece com as condições do lugar de convivência individual e coletiva do adolescente. Na perspectiva de realizar uma aproximação contemporânea com o real das MSE-MA, traz referências quantitativas que permitem dimensionar a presença da MSE-MA na adolescência e juventude brasileira.

O capítulo 3 trata de alguns elementos em disputa na conceituação de judicialização, em especial no contexto da compreensão e das práticas referidas à atribuição de autoria de ato infracional a adolescentes. Discute o desafio de conciliar tempos tão distintos como o dos trâmites do Sistema de Justiça e o do próprio a um serviço de proteção social de adolescentes e suas famílias. Analisa aspectos do cumprimento de MSE-MA nos municípios do Rio de Janeiro e de São Paulo, sobretudo resultantes de uma pesquisa desenvolvida em 2017 pelos autores nas duas metrópoles.

Capítulo 1
Tensões da socioeducação:
demanda punitivista e dimensão protetiva

Abrindo a discussão

De que forma as ideias, terminologias e práticas da socioeducação e da execução das medidas socioeducativas se constituíram no Brasil? Neste capítulo, vamos explorar os sentidos que a elas foram atribuídos e que desdobramentos significativos ocorreram, levando-nos a uma reflexão sobre o atual contexto. Um contexto, no mínimo, perturbador, caracterizado por discursos de garantia de direitos, em que práticas violadoras dos mesmos convivem em aparente equilíbrio, com graves consequências.

Trata-se de questões delicadas e complexas. Mas nem por isso justifica-se o quadro dramático que caracteriza o trato aos meninos e meninas que acabam nas malhas da justiça. Mais que qualquer outro grupo jovem historicamente marginalizado e socialmente desqualificado no Brasil, os adolescentes e jovens autores de ato infracional são criminalizados e punidos sem piedade.

Comecemos por esse ponto, partindo do caminho percorrido para a consolidação da noção de periculosidade atribuída a esse grupo na passagem do século XIX para o XX. De onde vem essa história de "menor abandonado e delinquente" e como ela se reflete na realidade hoje presente?

Das concepções de menor delinquente a de adolescente autor de ato infracional

Sem a pretensão de dar conta da complexidade da história que antecede a mudança dessas formas de categorizar o adolescente que comete uma infração, vamos nos ater ao que mais importa para entendermos como se construiu a imagem do "menor". Isso nos ajudará a compreender por que os adolescentes, alvo das medidas socioeducativas, herdaram o estigma do "menor criminoso ou delinquente".

A terminologia "de menor" vem da categoria jurídica "menor de idade", que existe em qualquer país para delimitar questões de responsabilização de natureza civil ou penal. Ou seja, com que idade se define que uma pessoa está apta a votar? A conduzir veículos? Com que idade uma pessoa passa a ser responsabilizada por cometer um crime? No Brasil, não sem grandes ambiguidades, a imputabilidade penal é fixada aos 18 anos. Um adolescente, na faixa dos 12 aos 18 anos, de acordo com a legislação, não comete crime ou contravenção e sim ato infracional (ECA, 1990, artigo 103). É importante entender a diferença. Como explica Carmen Craidy, há uma sutil e fundamental diferença de pontos de vista:

> Se o ato infracional corresponde a crime ou a contravenção, por que nomeá-lo de outra forma, ou seja, como ato infracional e não como crime ou contravenção, no caso de se tratar de um adolescente? O que pode parecer um detalhe tem alto significado: o adolescente deverá ser tratado a partir de sua condição, como pessoa em desenvolvimento com possibilidades múltiplas, e não simplesmente a partir do ato infracional que tiver cometido. Ele não é o ato que cometeu e mesmo se for responsabilizado pelo mesmo, deverá ser visto e tratado para além dele (Craidy, 2014, p. 34).

Esse é um entendimento de hoje, fundamentado na Lei n. 12.594, de 2012, que institui o Sistema Nacional de Atendimento Socioeducativo (SINASE). É um campo em constante disputa de poderes, permeado por emoções e ações antagônicas por parte de quem acata a chamada proposta pedagógica da socioeducação, próxima ao referencial de direitos humanos, e aqueles que a veem como uma ameaça à sociedade e defendem sanção mais rigorosa, que se traduz em mais contenção e punição aos adolescentes.

Vamos voltar um pouco no tempo para entendermos como se construiu a designação pejorativa e estigmatizante do "menor delinquente"?

A construção social do menor delinquente (ou em perigo de o ser...)

Atitudes e práticas que discriminam e criminalizam certos grupos estão presentes em quaisquer sociedades. A medida em que se admite haver uma crescente onda punitiva, sobretudo em contextos urbanos contemporâneos (Wacquant, 2001), é bastante perceptível na sociedade brasileira. Diversos autores vêm discutindo essa questão, em particular a associação entre pobreza e criminalidade (Assis, 1999; Coimbra; Nascimento, 2003; Coimbra, 2004; Guindani, 2005).

Nos estudos sobre a história da assistência à infância, identificam-se elementos que claramente associavam o caráter de periculosidade ao segmento infantil e juvenil pobre (Rizzini, 2011). No final do século XIX, e primeiras décadas do século XX, debatia-se o que fazer com "o menor delinquente ou potencialmente criminoso" (daí o uso da expressão "ou em perigo de o ser" em vários documentos da época). Como hoje, opiniões dividiam-se; porém, havia um forte apelo internacional por reforma da chamada justiça juvenil, pleiteando-se uma humanização da justiça, reforçando-se a importância da prevenção, "reeducação" e "reabilitação" ou recuperação dos menores que cometiam crimes, de acordo com o entendimento da época.

Representantes do Poder Judiciário, que se destacavam na defesa da proteção e assistência aos menores (*física e moralmente abandonados e delinquentes*), lançavam mão do anseio presente de se criar uma nação, culta, moderna e civilizada para defender seus pontos de vista sobre a reforma da justiça juvenil. Evaristo de Moraes, advogado do Fôro do Rio de Janeiro, em 1898, após uma visita à casa de detenção, mostra-se chocado e dá vários depoimentos à imprensa, descrevendo o "quadro apavorante de depravação e corrupção" que encontrou naquele "medonho laboratório — morada do vicio e do crime — onde menores viviam em promiscuidade com criminosos adultos" (Moraes, 1900).

O assunto volta com força anos mais tarde, provavelmente suspenso pelo peso da Primeira Guerra Mundial, deflagrada em 1914. Porém, já em 1911, o desembargador Athaulpho de Paiva defende uma profunda mudança em artigo publicado pelo *Jornal do Comércio,* intitulado "a Nova Justiça, os Tribunaes para Menores". Nele, ressalta "a acção nefasta do mau meio social, com suas perniciosas suggestões e a respectiva ausencia de educação...". Em publicação de 1916, afirma: "(..) O antigo juiz penal somente tinha a preoccupação de capitular o delicto e applicar a respectiva pena ao caso ocorrente. Nada mais impróprio nem menos apto para o exercicio do moderno papel da Justiça" (Paiva, 1916, p. 70).

Os desdobramentos da "Nova Justiça" vieram a se concretizar ao longo da década de 1920, tomando-se como exemplo a instauração, nos Estados Unidos e em alguns países europeus, dos tribunais infantis (*children's courts),* onde eram tratados especificamente os casos referentes aos menores de idade. Há várias evidências de que:

> Nas câmaras municipais e estaduais, principalmente do Rio de Janeiro e de São Paulo, corriam projetos de lei e circulavam debates sobre o que era literalmente denominado de "organização da Justiça" e "organização da Assistência". A partir deste processo foi concebida a ideia de uma justiça de Menores no Brasil (Rizzini, 2011, p. 129).

A análise das ideias e práticas vigentes na passagem do século XIX para o XX leva a concluir que havia um acentuado interesse no segmento pobre da população infantil e juvenil como parte de um projeto político. A meta era combater o contingente considerado vicioso e ocioso (e potencialmente perigoso) da população, enquadrando-o desde a infância às demandas do desenvolvimento capitalista em curso. Nesse sentido, havia clara preocupação em proteger a criança como estratégia de defesa da sociedade. O discurso apresentava-se, com frequência, ambíguo, no qual a criança precisava ser protegida, mas também contida, a fim de que não causasse danos à sociedade. Essa ambiguidade na defesa da criança e da sociedade guarda relação com uma certa percepção de infância, claramente expressa nos documentos da época — ora em perigo, ora perigosa. Tais representações não por acaso estavam associadas a determinados estratos sociais, sendo a noção de periculosidade invariavelmente atrelada à infância das classes populares.

No início do século XX, a infância pobre era comumente representada como uma ameaça social, resultando em ações concretas para sua prevenção, controle e repressão. Estabeleceu-se um complexo aparato jurídico-assistencial sob a liderança do Estado, materializado através da criação de inúmeras leis e instituições destinadas à proteção e à assistência à infância. Referiam-se especialmente aos "menores acusados de se instruírem nos descaminhos da ociosidade e do crime", associando-os à *desordem urbana* e à *viciosidade da pobreza* (Rizzini, 2011).

Esse posicionamento, associando a existente ou potencial periculosidade dos menores à resposta à situação de ameaça à ordem social, se fazia presente como uma atribuição das chamadas "classes perigosas"[1].

---

1. A expressão "classes perigosas" (*dangerous classes*) era usada em relação ao temor causado nas principais cidades da Europa e América do Norte por grupos identificados como uma ameaça social. Seu uso em relação à infância pobre aparece com frequência na metade do século XIX, mostrando que se tornava uma preocupação relevante.

Do menor delinquente ao adolescente a quem se atribui autoria de ato infracional

Para essa discussão, partimos de alguns elementos que levaram à transposição das ideias e práticas calcadas na noção de justiça de menores para a concepção atual de socioeducação.

Vimos que já se fazia presente, no início do século XX, a proposta de uma justiça humanizada, que buscava responder às especificidades dos menores de idade em relação aos adultos. Uma justiça que condenava a ênfase na punição e preconizava a importância da educação. Em que resultou essa postulação?

Em termos concretos, houve uma mudança significativa nas esferas legislativa e executiva com foco sobre a população infantil e juvenil. Em 1923, criou-se no Brasil o primeiro Juízo de Menores da América Latina e, em 1927, aprovou-se o Código de Menores, inaugurando uma nova era em que se estabeleceu uma justiça juvenil especializada. Um desdobramento disso foi o estabelecimento de todo um aparato estatal de regulamentações jurídico-assistenciais que cumpriam funções protetivas, preventivas (à criminalidade infantil) e tutelares. A esse tipo de aparato, Donzelot (1980) denominou de "complexo tutelar".

O sistema tutelar idealizado para a população infantil e juvenil materializou-se na chamada *Política de Proteção e Assistência ao Menor*. Se, por um lado, toda essa movimentação permitiu que se demandasse do Estado investimento em medidas protetivas para as crianças pobres, por outro, fragilizou e destituiu suas famílias, culpabilizando-as como incapazes e inadequadas para criarem seus filhos.

No que se refere à proposta educacional, essa mostrou-se tímida nas décadas que se sucederam, sendo reservada, aos pobres, uma pobre educação. E aos menores identificados como tendo "aptidão para o crime", cabia a prática da educação pelo e para o trabalho. Assim, eram encaminhados a fazendas agrícolas e preventórios, com o propósito de recuperá-los e reeducá-los. Dessa forma, as práticas assistencialistas de proteção às crianças percebidas fundiam-se com ações de punição e contenção. Uma das práticas recorrentes em boa parte do século XX foi a retirada de crianças de suas famílias e seu encaminhamento a instituições fechadas com a justificativa de afastá-las dos meios viciosos nos quais supostamente viviam[2].

A fabricação do menor, no dizer de Faleiros (1993), especialmente a do criminoso e do delinquente, visto como uma ameaça à sociedade, teve profunda adesão na sociedade brasileira, com claras repercussões até os dias de hoje. Ao longo das décadas, reafirmou-se a imagem estigmatizada e normalizada do menor em contraposição à da criança e do adolescente — o que só veio a ser questionado de fato a partir do advento do Estatuto da Criança e do Adolescente, aprovado em 1990.

Muito já se escreveu sobre os fatores que possibilitaram a mudança de paradigma do enfoque menorista da "situação irregular" para a concepção de "proteção integral" da criança e do adolescente, entendidos como "sujeitos de direitos". Destacam-se aqui dois deles: a conjuntura política nacional quando da instauração do processo de redemocratização do país, após 20 anos de ditadura e, em âmbito internacional, a ratificação da Convenção das Nações Unidas dos Direitos da Criança, aprovada em 1989, que contribuiu para impulsionar a mobilização de movimentos sociais em defesa da criança. A expressão "De menor a cidadão", cunhada nos anos de 1980, foi amplamente utilizada, marcando a contestação em relação à menorização da infância na época (Costa, 1991).

O processo inusitado de participação popular na construção de uma nova constituição, não por acaso conhecida como Constituição Cidadã, e algumas conquistas, como a inclusão do artigo 227 sobre os direitos de crianças e adolescentes e o processo participativo na elaboração do Estatuto da Criança e do Adolescente, foram alguns pontos altos dessa história.

---

2. Eram os internatos de menores (Altoé, 1990) ou mesmo orfanatos, embora a maioria das crianças nesses estabelecimentos não fosse órfã. Sobre a cultura da institucionalização de crianças pobres no Brasil, ver Rizzini e Rizzini, 2004.

Estavam lançadas as bases de uma nova era, onde parecia possível superar a dicotomia menor-criança. Isso, porém, não ocorreu; pelo menos não inteiramente. Há, no entanto, que se reconhecer que foram significativas as mudanças de paradigmas. Mudanças essas que levaram a uma adequação de discursos e práticas, com formulações calcadas em princípios e diretrizes de direitos humanos. Foi no bojo dessas transformações que se construiu a noção de socioeducação.

As bases da socioeducação

O conceito de socioeducação tem como premissa básica princípios oriundos da pedagogia social, trazidos à tona na década de 1980 no intuito de demarcar a diferença entre os referenciais punitivistas vigentes no trato do chamado "menor delinquente" e a proposição de um novo paradigma, fundamentado em noções e práticas que se opunham à ideia de mera penalização. Assim, parte de uma concepção do adolescente (não mais do menor) como sujeito de direitos (não mais objeto de sanção). A terminologia e os desdobramentos práticos da socioeducação, com frequência mesclados com elementos da sociopedagogia, ao nosso ver permanecem nebulosos. Embora tenham sido introduzidos novos elementos em defesa dos direitos dos adolescentes autores de ato infracional, manteve presentes representações e práticas que criminalizam os mesmos, como no passado.

Na literatura consultada sobre socioeducação, vimos que, com frequência, se aponta a educação em contraposição à punição, ressaltando aspectos que vão além da educação formal (Julião; Oliveira, 2017). Franco, Freitas e Carvalho (2018, p. 28) afirmam que a socioeducação compreende "um conjunto de ações voltadas para o processo de ressignificação da vida e dos valores do adolescente autor de ato infracional". E discutem uma questão bastante central neste capítulo: as medidas socioeducativas serviriam para punir ou educar?

Em resposta, os autores evocam o posicionamento de Antônio Carlos da Costa, um educador que exerceu papel ativo na aprovação do ECA e nos processos de reordenamento institucional, como gostava de se referir às adequações que deveriam advir dessas mudanças. Concluem que Costa buscou uma resposta conciliatória à questão, explicitando que "a medida socioeducativa deve ser uma reação punitiva da sociedade ao delito cometido pelo adolescente e ao mesmo tempo deve contribuir para o seu desenvolvimento como pessoa e como cidadão" (Costa, 1990, *Apud* Franco; Freitas; Carvalho, 2018, p. 28).

Observa-se que era esse um discurso recorrente à época e que se pode explicar pelo forte apelo punitivista em vigor, sob a égide do Código de Menores. Era como se confrontar a periculosidade, real ou potencial do jovem, por tanto tempo dada como certa, fosse um salto por demais audacioso. Mas como entender a permanência dessa visão ao longo das décadas que se passaram?

A despeito do referencial de direitos e de proteção integral à criança e ao adolescente, reconhecendo-os como pessoas em desenvolvimento, o Sistema Nacional de Atendimento Socioeducativo (SINASE) vem a reforçar o posicionamento ambíguo que caracteriza a questão:

> As medidas socioeducativas possuem em sua concepção básica uma natureza sancionária, vez que responsabilizam judicialmente os adolescentes, estabelecendo restrições legais e, sobretudo, uma natureza *sócio-pedagógica,* haja vista que sua execução está condicionada à garantia de direitos e ao desenvolvimento de ações educativas que visem à formação da cidadania. Dessa forma, a sua operacionalização se inscreve na perspectiva ético-pedagógica (Brasil; SINASE, 2006, p. 47. Grifo nosso).

Esse posicionamento nos ajuda a compreender também a resistência encontrada para se aprovar as tentativas de amenizar o caráter punitivista presente. Lançadas as bases em 2006, somente em 2012 conseguiu-se aprová-lo com valor de lei.

Voltando à questão anteriormente suscitada sobre os elementos pedagógicos na concepção de socioeducação, eles aparecem mais claramente associados à execução de Medidas Socioeducativas em Meio Aberto. Como afirmam Bicalho e Lemos (2017, p. 76), "O SINASE vem validar cada vez mais os princípios e pressupostos do ECA ao afirmar a natureza, sobretudo, pedagógica das medidas, priorizando aquelas em meio aberto".

Nos diversos documentos consultados, não foi possível encontrar definições específicas a respeito da natureza sociopedagógica das MSEs. A proposta pedagógica da medida socioeducativa parece estar relacionada a uma negação do aspecto puramente punitivo e a uma possibilidade emancipatória com base nos interesses desses adolescentes e em atividades que proporcionem a convivência familiar e comunitária. Destacam-se, ainda, na discussão sobre o tema, a ampliação da rede de convivência e sociabilidade dos adolescentes, o exercício da cidadania e a promoção do protagonismo juvenil. As citações a seguir ilustram esse ponto:

> Ao definir os atributos do ato socioeducativo como o de preparar os indivíduos para a vida social, institui-se um parâmetro universal sobre os fins da socioeducação, e esse parâmetro pode ser expresso em um outro discurso paralelo e a ele correspondente: *o de formar os indivíduos para o exercício da Cidadania;* Pode-se concluir que o *objetivo geral da socioeducação é propiciar o crescimento individual,* ao mesmo tempo em que harmoniza a individualidade desenvolvida com a unidade orgânica do grupo social ao qual o indivíduo pertence, permitindo a sua *inclusão como adolescente-cidadão protagonista de sua realidade e comprometido com a modificação do mundo que o cerca* (Rodrigues; Mendonça, 2008, p. 1 e 2. Grifo nosso).

Cabe, porém, perguntar o que de fato se entende por proposta sociopedagógica para as medidas em meio aberto no âmbito da proteção especial de média complexidade gerido pelo SUAS. Esses profissionais não são formados em socioeducação, ou no processo freiriano de educação para a liberdade/autonomia, assim como o adolescente em MSE-MA convive com a educação formal. O que seria considerado como pedagogia socioeducativa, por exemplo, no direcionamento do PIA estabelecido pela sentença do juiz que predetermina metas e, mesmo, o tempo de execução das MSE-MA?

Em se tratando sobretudo de meio aberto, uma questão central é a de conciliar o direcionamento da proteção social com o que o/a juiz/a determina. Pois, como supor a socioeducação, e nela a dimensão protetiva do adolescente, a partir de sentenças com metas previamente estabelecidas, cobrando-se que sejam cumpridas? A mediação dos serviços do SUAS não é incorporada como exercício de proteção social, dando espaço à judicialização. São reflexões que não podem continuar sendo evitadas. Elas serão aprofundadas nos capítulos 2 e 3 deste livro.

Direitos, responsabilização, punição

Observa-se nos últimos anos uma visível rejeição ao referencial de direitos humanos aplicado aos adolescentes, sobretudo aqueles vistos como infratores. A constante ameaça à redução da maioridade penal e a demanda pelo aumento do período de privação de liberdade são indicativos desse posicionamento. Predomina um forte apelo à responsabilização do adolescente. O que se pleiteia é que os adolescentes sejam punidos, como se não o fossem porque se defende que tenham seus direitos respeitados.

É um ponto que tem como origem a velhíssima questão do discernimento e do castigo pelos crimes cometidos. Trata-se de uma discussão que aparece carregada de posicionamentos moralizadores, que versam sobre se a lei não estaria sendo branda demais, "passando a mão na cabeça de jovens bandidos", recorrendo-se aos argumentos na linha do endurecimento das penas.

Ao discutir responsabilização do adolescente autor de ato infracional, Oliveira (2014) faz uma reflexão sobre a importância no processo socioeducativo do ambiente e das relações estabelecidas entre adultos e jovens. Nesse sentido, afirma, que, quando se foca apenas no comportamento do adolescente e na responsabilização de seus atos, observa-se uma desresponsabilização dos executores da medida, pois estariam desconsiderando todo o contexto de violações de direitos que contribui para a produção da infração penal.

Vejamos agora alguns elementos da construção do aparato jurídico, inter-relacionado às políticas protetivas, sobretudo à política de assistência social, voltadas para o adolescente em cumprimento de medida socioeducativa em meio aberto.

SINASE, MSE-MA e a contraposição às práticas punitivas

A Lei n. 12.594/2012, que regulamenta a execução das medidas socioeducativas no Brasil, denominado Sistema Nacional de Atendimento Socioeducativo (SINASE), resultou de um processo de uma década, envolvendo um grande número de representantes de organizações dedicadas à defesa dos direitos de crianças e adolescentes. Em 2004, diversos atores sistematizaram uma proposta do Sistema Nacional de Atendimento Socioeducativo, sendo aprovado pelo Conselho Nacional dos Direitos da Criança e do Adolescente (CONANDA, 2006). Pode-se entender essa movimentação como uma forma de resistir a pressões que se faziam crescentes para a redução da maioridade penal. Nas articulações para o fortalecimento da proposta do SINASE, em 2007, o anteprojeto de lei apresentado pelo então ministro Paulo Vannuchi, ao Presidente da República Luiz Inácio Lula da Silva, tinha claramente essa intenção. O anteprojeto tinha o objetivo de regulamentar a execução das medidas socioeducativas destinadas ao adolescente, alterar dispositivos do Estatuto da Criança e do Adolescente, e dar outras providências. Em seu texto, aparece a seguinte afirmação:

O anteprojeto de lei visa justamente superar essa lacuna normativa, e por intermédio da instituição do Sistema Nacional de Atendimento Socioeducativo, coordenado pela União, com a participação dos Estados, Distrito Federal e Municípios, *afastando a simplória ideia de redução da imputabilidade penal, que não é suficiente para produzir resultados positivos no combate à criminalidade* (PL n. 1.627/2007. Grifo nosso).

O cerne da discussão ao longo desse tempo reflete-se na construção do texto final aprovado, com forte ênfase nos princípios de direitos humanos e garantia e defesa dos direitos das crianças e dos adolescentes contidos nas leis e políticas públicas em vigor no país. É nítida a intenção de reafirmar as bases conceituais da socioeducação, contrapondo-se à pressão para possíveis retrocessos como a prática de confinamento dos adolescentes e demais medidas de contenção e punição, buscando "investimento nos sujeitos envolvidos e na sua preparação para a vida em sociedade através de estratégias nos campos da educação, cultura, lazer e profissionalização" (Moreira, 2011, p. 116). Complementa a autora:

> A organização do SINASE pode ser considerada uma alternativa política à lógica de institucionalização predominante no sistema socioeducativo, como também um instrumento normativo para restringir as interpretações equivocadas por parte do sistema de justiça. Nesse propósito, teve o protagonismo das diversas representações do SGD para criação de mecanismos reguladores das ações produzidas pelo sistema de justiça e daquelas pertinentes à aplicação das medidas pelo Poder Executivo (Moreira, 2011, p. 114).

Um dos importantes desdobramentos da Lei n. 12.594/2012 — SINASE foi a exigência de elaboração dos Planos Decenais Nacional, Estaduais e Municipais de Atendimento Socioeducativo.

Desdobramentos da lei do SINASE até o presente mostram alguns passos no sentido de resistir às referidas pressões e retrocessos[3]:

---

3. Pesquisa de Kelly Murat, doutoranda do programa de Pós-Graduação do Departamento de Serviço Social da PUC-Rio.

- 2013 — Publicação do "Plano Decenal Nacional do Sistema Nacional de Atendimento Socioeducativo: Diretrizes e Eixos Operativos para o SINASE" (Brasil, 2013), com o objetivo de orientar "o planejamento, a construção, a execução, o monitoramento e a avaliação dos Planos Estaduais, Distrital e Municipais Decenais do SINASE, além de incidir diretamente na construção e/ou no aperfeiçoamento de indicadores e na elaboração do Plano Plurianual, Lei de Diretrizes Orçamentárias e Lei Orçamentária Anual" (Brasil, 2013, p. 6), fundamental para a efetivação das políticas públicas dos direitos desses adolescentes e jovens[4].

- 2014 — CNMP lançou a "Ação Estratégica Nacional do SINASE", que trata da "uniformização da atuação do MP no processo de elaboração e implementação dos Sistemas Estaduais e Municipais de Atendimento Socioeducativo" (CNMP, 2015).

- 2016 — Publicação do "Caderno de Orientações Técnicas: Serviço de MSE em Meio Aberto", pelo MDS. O material visa contribuir para a materialização e qualificação do Serviço de MSE-MA, de responsabilidade dos municípios.

- 2017 — MDH implementa a Comissão Permanente do Sistema Nacional de Avaliação e Acompanhamento do Sistema Socioeducativo — Portaria n. 11/2017, composta por representantes do CONANDA; da Secretaria Nacional de Promoção dos Direitos da Criança e do Adolescente; do CNAS; do MDS; do Ministério da Educação; da Saúde; do Trabalho e por adolescentes indicados pelo CONANDA.

- 2018 — Tentativa de inclusão do SINASE no Sistema Único de Segurança Pública/SUSP, por iniciativa do Deputado Alberto Fraga (DEM/DF), através do PL n. 3.734/ 2012, nos artigos 5º, III e XVII, 6º, IV, XII, XIV e XXII, 8º, IV e 9º *caput*, § 2º, IX. Para pressionar

---

4. O Plano Decenal Municipal de Atendimento Socioeducativo da cidade do Rio de Janeiro (2014-2022) foi elaborado no ano 2014 e o Plano Decenal de Atendimento Socioeducativo do Estado do Rio de Janeiro, em 2015.

pelo veto do Presidente da República, diversas organizações públicas e da sociedade civil lançaram notas públicas de repúdio. A Lei n. 13.675 foi promulgada em 11/06/2018 com o referido veto, excluindo o SINASE.

Essa brevíssima retrospectiva buscou destacar esforços recentes empenhados para modificar ideias e práticas, que contribuíam para criminalizar e estigmatizar os adolescentes autores de atos infracionais. Deve-se lembrar, no entanto, que o embrião de uma perspectiva sancionadora, mas não punitiva, já estava no ECA em 1990, em seu artigo 117.

Tratava-se de criar bases para reverter a lógica correcional-punitiva que vigorava no período menorista. Vislumbrou-se essa possibilidade por meio do cumprimento de medidas socioeducativas em meio aberto, de fato configurando-se como uma oportunidade de mudança de trajetória ou uma "segunda chance", como frequentemente expressam os adolescentes em seus depoimentos, quando se reportam à experiência de terem sido apreendidos.

Provavelmente antevendo as resistências que adviriam por parte dos setores conservadores contra esse "abrandamento" da lei, esses esforços, avessos à punição, estariam buscando firmar a medida de sanção e responsabilização do adolescente diante da infração cometida. Porém, propunha que o fizesse fora das grades, em ambientes e condições que favorecessem a formação de uma rede de sociabilidade, que mais se aproximasse de uma reparação do dano que propriamente da condenação e punição do adolescente (Murat, 2010). Um caminho que o ajudasse a tomar consciência de seus atos e se responsabilizar por eles, mas com a oportunidade de ser ouvido e acompanhado.

Para esse fim, criou-se o PIA, o Plano Individual de Atendimento, um instrumento destinado a facilitar o diálogo entre os adolescentes atendidos, seus familiares e profissionais envolvidos no processo de mapeamento das ações planejadas no cumprimento da medida. No entanto, como será destacado no capítulo 2, as condições nas quais vivem os adolescentes precisam ser levadas em consideração nesse processo. A rede de sociabilidade e de apoio entre as atenções dos serviços que deveriam responder pelas necessidades dos adolescentes e de suas famílias é frágil ou inexiste e essa lacuna amplia a desproteção social do adolescente. Com o que de fato ele conta para cumprir a MSE-MA?

No que tange à contrução do PIA, enfatizou-se a necessidade de se levar em consideração aptidões, habilidades, aspirações e desejos dos adolescentes. Nos serviços de PSC e de LA, aponta-se a importância da manutenção das relações familiares e comunitárias, e, ao mesmo tempo, a convivência com pessoas e instituições, capacitadas a oferecer orientação e assistência aos adolescentes, de modo a que o serviço (de MSE-MA) pudesse "(...) contribuir para o acesso a direitos e a ressignificação de valores na vida pessoal e social dos adolescentes e jovens" (Franco, Freitas e Carvalho, 2018; Prefeitura SP, 2018). Voltaremos à discussão sobre o PIA nos próximos capítulos.

Destaca-se, no caso da Liberdade Assistida, que a ação socioeducativa seja centrada na vida social do adolescente, ou seja, na família, escola, comunidade, em meios que proporcionem a profissionalização e a inserção profissional. Para isso, pressupõe-se que o adolescente será assistido e protegido. Cabe, porém, perguntar o que significa assistir. "Assistir a liberdade. O que isso implica?". Uma possível resposta, coerente com as diretrizes em vigor, porém ainda longe de se ter ao menos um consenso no país, seria: "(...) É preciso romper com um assistir associado ao vigiar em que o adolescente precisa ser educado e corrigido, para pensar em um assistir na forma de colocar-se junto... estar presente..." (Girotto, 2014, p. 160).

Vemos que os caminhos para fugir à lógica da punição estão mais que apontados. Foram traçados, mas seus rumos não foram consolidados. As resistências à mudança que hoje se colocam, a despeito das especificidades de sua época, vêm de longa data. Há que se lidar com elas em qualquer tempo. Analisemos alguns dos desafios e possíveis caminhos que se apresentam no contexto atual.

Portas que se fecham: preconceito e discriminação

O preconceito em relação aos adolescentes a quem se atribui autoria de ato infracional é um dos aspectos que aparecem com frequência na literatura e nos debates sobre o tema. A partir da imagem socialmente construída do "menor" (perigoso, delinquente), melhor se compreende a consolidação das representações que vêm criminalizando e estigmatizando parte da população infantil e juvenil. Trata-se de uma parcela significativa da população, se considerarmos que ela se refere aos pobres, negros, residentes nas favelas e periferias das cidades.

De acordo com uma assistente social com experiência de trabalho junto ao sistema socioeducativo em meio aberto, no acompanhamento a adolescentes que cometeram ato infracional: "são ideias, imagens, concepções, senso comum e visão de mundo, que diversos atores sociais possuem sobre o adolescente autor de ato infracional. Concretamente esses adolescentes eram adjetivados como: laranja podre, desordeiros, irresponsáveis, a família não deu limites, se fosse meu filho a coisa seria diferente[5]".

São representações que contribuem para a criação de preconcepções, que configuram o adolescente como uma ameaça à sociedade. As palavras da "vó de um adolescente", cujo neto cumpria PSC, na cidade de Porto Alegre, explicam bem esse ponto: "Esse preconceito maltrata bastante o ser humano". E, reportando-se a lugares onde o adolescente não é respeitado e é visto como diferente, ela afirma:

> Se tu colocar ele aqui para "dar uma geral" em uma sala e nesse meio tempo entrar uma estudante aqui da faculdade e rouba alguma coisa da sala, quem roubou? Vão pensar naquele menino que está aqui dentro e isso é muito forte. Em duas escolas ele enfrentou um problema desses. Agora ele fica indo de escola em escola. Precisamos falar que o preconceito hoje fecha portas,

---

5. Entrevista cedida em setembro de 2018, Rio de Janeiro.

sim, ele não dá chances em vários lugares, na maioria dos lugares (Oliveira, 2014, p. 198).

Dois adolescentes do estado do Ceará, participantes de um concurso de redação intitulado "Mais direitos e menos grades", assim se expressam a respeito do assunto[6]:

> O Brasil está sendo contaminado pelo preconceito, um adolescente negro não consegue um emprego bom, é desrespeitado dentro de uma escola, dentro de um posto de saúde e em outros lugares, e sem contar que o ex-presidiário é discriminado pelo simples fato de ter sido preso, eu acredito que devemos acabar com o preconceito e termos menos violência e mais dignidade (B.A.M).

> "Poema": A lei é cega
> Cara veja só o que me aconteceu eu estava na esquina e a policia me prendeu eles tentaro me acusa de uma coisa que eu não fiz. Tomei tantá porrada que quebrei o nariz eu não sei se era civil ou militar eu só sei que eu apanhava é apanhava sem parar (I.F.R).

A discriminação sofrida por adolescentes autores de ato infracional no contexto escolar vem sendo objeto de preocupação por parte de vários atores envolvidos no processo de cumprimento de MSE-MA. Apontam-se as dificuldades enfrentadas pela escola e o despreparo para lidar com adolescentes autores de ato infracional. Reporta-se, inclusive, a crença, por parte de educadores, de que os adolescentes não são suficientemente ou devidamente punidos, observando-se a demanda de punição e de propostas de redução da idade de responsabilização penal (Zamora; Oliveira, 2017).

---

6. Depoimentos extraídos de um concurso de redação intitulado "Mais direitos e menos grades", com a participação de adolescentes internos no Sistema Socioeducativo, promovido pelo estado do Ceará (SEAS — Superintendência do Sistema Estadual de Atendimento Socioeducativo), em parceria com a Universidade Federal do Ceará, UFC (Franco; Freitas; Carvalho, 2018). Observação: Foi mantida a ortografia exatamente como redigido pelos adolescentes. As iniciais referem-se aos nomes dos participantes; idade e sexo não informados.

Em geral, são contundentes as palavras dos adolescentes quando falam da discriminação e humilhação sofridas, como nos dois exemplos a seguir:

> Eu sempre gostei da outra escola, então a má lembrança foi que tudo o que aconteceu comigo, que eu fiz um ato infracional mesmo, foi a discriminação, porque eles sempre me tratavam bem e depois que eu tive minha passagem pelo NAIA[7] daí eles não aceitaram mais (Silva; Salles, 2011, p. 358).

> É, porque lá na escola tem uns... É porque tinha uma diretora... É, eu podia até tá dentro da sala de aula que ela falava — pra fora... Aí ela começava falá que tinha que mandá eu embora da escola, mandá eu lá pro Educandário, que lá não era meu lugar, começava a falá um monte de coisa, é só por causa da LA. Aí tinha outro menino que estuda lá que tamém, ela sempre... Era nóis dois que ela num gostava. Ela falava: eu vejo oceis, me dá até desgosto aqui nessa escola (João Paulo) (Hernandez; David, 2012, p. 13).

A discriminação pode, inclusive, tornar-se um obstáculo ao acesso à escola, o que constitui uma violação importante do direitos desses adolescentes à educação. No trecho a seguir, uma adolescente mostra a impotência diante da negação de uma vaga na escola:

> Pesquisadora: Luana, você não está matriculada por quê?
>
> Luana: Porque fui expulsa.
>
> Pesquisadora: E agora você não está conseguindo vaga nas escolas... Qual está sendo o problema?
>
> Luana: É, não tô conseguindo vaga, as escolas não quer dá vaga pra mim por causa do problema que aconteceu comigo.
>
> Pesquisadora: Certo. E mesmo a sua mãe indo lá...
>
> Luana: Mesmo a minha mãe indo lá, já foi até com o juiz e não conseguiu ainda (Hernandez; David, 2012, p. 6).

---

7. NAIA — Núcleo de Atendimento Integrado de Americana. Fundação Centro de Atendimento Socioeducativo ao Adolescente (Fundação CASA), antiga Fundação Estadual do Bem-Estar do Menor (FEBEM-SP).

Embora o intuito aqui seja pontuar a importante discussão do preconceito e da discriminação no contexto da socioeducação, cabe assinalar que há uma multiplicidade de outras situações que vêm despontando como graves violações de direitos, mas que permanecem pouco visibilizadas. Além do preconceito racial, denunciam-se os casos de violência contra adolescentes LGBT; adolescentes negras e ato infracional (Oliveira; Rodrigues, 2017) e complexas relações no campo da saúde mental, sobretudo nos casos em que adolescentes cumprindo medidas socioeducativas apresentam comportamento agressivo, uso abusivo de drogas ou algum tipo de deficiência e/ou transtorno mental (Rizzini; Barbosa, 2018).

São questões que nos levam a refletir sobre os desafios a serem enfrentados para que predomine o respeito aos direitos do adolescente nas diferentes esferas: moradia, educação, saúde, cultura, lazer, justiça, como afirma Teixeira (2014, p. 168), acrescentando:

> Isso é algo a ser concretizado no presente, como exercício cotidiano de direitos de cidadania do adolescente em cumprimento da medida, e não só como perspectiva de futuro. Não há como elaborar projetos de vida autônomos, criativos, críticos vivendo em condições precárias de existência.

Para além da dimensão punitivista

Este capítulo destacou relações ambíguas e, não por acaso, difusas entre ideias e práticas relativas à socioeducação, que ora pendem para a dimensão de defesa de direitos ora para a punição dos adolescentes a quem se atribui autoria de ato infracional. Pontuou-se que, a despeito dos inegáveis avanços no campo dos direitos da criança e do adolescente das últimas três décadas, predomina a dimensão punitiva, historicamente construída e mantida até os dias de hoje.

Na voz de um adolescente sobre o que seria preciso mudar, pensando que outros caminhos seriam possíveis, afirma:

(...) Precisamos de uma drástica mudança nas políticas públicas. Mudanças essas que olhem com mais esperança para nossas crianças investindo no futuro delas com projetos sociais, cursos, educação e oportunidade do primeiro emprego. É necessário que todos possam se colocar no lugar desses adolescentes, e antes de querer julgá-los, procurar entender os seus motivos e suas necessidas (Franco; Freitas; Carvalho, 2018, p. 155).

Pode-se dizer que estamos muito aquém desse posicionamento. Para colocar-se no lugar do outro, sem julgá-lo e condená-lo, há muito ainda a desconstruir. Porém, como constatamos, a partir da pesquisa realizada e que será aprofundado nos próximos dois capítulos, apesar dos imensos desafios, a execução de medidas socioeducativas em meio aberto, no âmbito da assistência social, vem possibilitando algumas oportunidades de acolhimento e apoio ao adolescente e à sua família.

Avançar na compreensão dos desafios que hoje se colocam sobre a questão constitui um passo importante para vislumbrarmos outros caminhos para além da dimensão punitivista, sobretudo no atual contexto brasileiro particularmente avesso aos direitos e princípios de igualdade e liberdade de seus cidadãos.

Capítulo 2
Medidas Socioeducativas em Meio Aberto:
socioeducação com socioproteção

Medida Socioeducativa em Meio Aberto: amplitude de suas possibilidades

Analisar a aplicação de Medida Socioeducativa em Meio Aberto (MSE-MA), dirigida ao adolescente a quem foi atribuída a autoria de ato infracional, implica, no primeiro olhar, superar o entendimento que trata o meio aberto como oposição ao meio fechado. O olhar descritivo, por oposição, descarta múltiplas implicações da dinâmica socioeducativa e jurídico-protetiva, de cada um dos dois ambientes de MSE. Neutralizar a diversidade das implicações entre meio aberto e meio fechado, enxergando-as pelo espelhamento, deixa-se de atentar para as distinções na aplicação de uma e outra medida.

De forma geral, são marcas do meio fechado: ambiente homogêneo, repetitivo pela rotina, e controlado pela vigilância. O meio aberto, diferentemente, expressa-se pela heterogeneidade, diversidade e multiplicidade de ambientes.

O significado do campo socioeducativo entre as duas medidas encontra expressões de abrangência distintas. Os espaços aberto e fechado, nos quais se desenvolvem as medidas socioeducativas, são substantivamente diversos quanto ao modo como estabelecem relações com o meio de vivência cotidiana do adolescente. O trabalho socioeducativo e protetivo difere, entre as medidas, também pelo modo como as condições concretas da vida do adolescente são tomadas como parte intrínseca da sua vida passada, da presente e indicação de sua vida futura.

Não se pode afirmar que o convívio familiar do adolescente, em vez da internação institucional, já seria, em si, o diferencial socioeducativo da MSE--MA. Sob um olhar institucional, essa leitura seria o mesmo que considerar que a medida de restrição de liberdade é tão só punitiva e não educativa; ou ainda considerar que a superação reside no convívio familiar, o que não deixa de ser expressão do tradicional familismo. Trazer a responsabilidade para a família, sem mesmo conhecer sua capacidade protetiva, significa ampliar as responsabilidades das mulheres, ou seja, as mães.

O ECA, ao determinar que a MSE em regime fechado fosse excepcional, defendeu a correta orientação em eliminar a cultura da institucionalização, no trato do adolescente; entretanto, não indicou, nem mesmo com o SINASE (Sistema Nacional de Atendimento Socioeducativo) e com mais objetividade e detalhe, como atuar com as características territoriais, desiguais e heterogêneas, na atenção ao regime aberto ou na MSE-MA.

A regulação da responsabilidade estatal é diversa, entre os dois tipos de medida. A institucionalidade que preside a aplicação da medida de restrição de liberdade estabelece responsabilidade estatal, em âmbitos estadual e federal do sistema de justiça. A gestão do meio fechado é estadual e deve ofertar, por meio de recursos públicos, condições que permitam a orientação pedagógica da vivência (previsível) da rotina cotidiana do adolescente, cabendo-lhe manter condições para o bom/adequado desenvolvimento da dinâmica do trabalho socioeducativo.

A aplicação da MSE-MA apoia-se em direção social que mobiliza múltiplas institucionalidades públicas e privadas, com ação territorializada e abrangência municipal. A acolhida da MSE-MA, pelo ente federativo municipal, repousa em responsabilidade partilhada por múltiplos agentes, públicos e privados, e é marcada pela colaboração intersetorial. Essa direção social concretiza expressões heterogêneas de responsabilidades e de possibilidades na aplicação da medida em meio aberto em todo o território nacional. O meio aberto, como a vida cotidiana, é constituído pela interferência contínua de múltiplos agentes e forças que podem atuar em direções convergentes, ou divergentes, à da dinâmica do trabalho socioeducativo.

Por consequência, é ainda dificultoso qualificar resultados entre as múltiplas experiências de MSE-MA desenvolvidas pelos 5.570 municípios brasileiros. Embora esteja prevista a formação, em todos os municípios, da Comissão Intersetorial do Sistema Nacional de Atendimento Socioeducativo (SINASE) para aplicação das MSE-MA de Liberdade Assistida (LA) e Prestação de Serviços à Comunidade (PSC), isso ocorre em somente 841, ou 16%, deles — conforme resultados da Pesquisa Medidas Socioeducativas em Meio Aberto — Resultados Nacionais (MDS, jun. 2018).

Questão que se apresenta, em face dessa heterogeneidade, é: *Como assegurar que a direção múltipla do meio aberto seja eticamente regida pela defesa de direitos dos adolescentes?* Isto é, na medida em que se espera que a MSE-MA seja resultado da operação de múltiplos agentes, não permanece claro a quem cabe a responsabilidade pela proteção integral do adolescente em seu cotidiano.

O meio aberto tem por referência a multiplicidade não só pelos agentes que envolve, ou pode envolver, mas também pela heterogeneidade dos territórios onde o adolescente, sua família, sua parentela e vizinhos vivem. Essa diversidade exige que o agente individual, ou institucional, da MSE-MA, atente para o conhecimento da vivência territorial do adolescente, pois nele estão os elementos a serem mobilizados no trabalho social de natureza socioeducativa e protetiva.

O lugar onde incide a vida cotidiana do adolescente sob MSE-MA deve ser incluído como campo de intervenção, e não só o adolescente individualmente ou, por extensão, sua família. A ampliação de ofertas de acesso aos adolescentes implica fortalecer relações horizontais e interinstitucionais, de convivência, para que seja ampliada a oferta de condições de desenvolvimento e proteção social aos adolescentes de um dado lugar.

Considerar que o meio aberto se refere a individualidades, é tornar inaplicável a noção de convivência social no processo socioeducativo. O adolescente em MSE-MA é um sujeito genérico que vivencia as condições concretas locais em comum com os demais adolescentes avizinhados em um mesmo território. Há, portanto, nesse convívio real, condição coletiva que influencia a particularidade do adolescente A ou B.

A acessibilidade territorial a serviços públicos de mobilidade, infraestrutura e atenções é de direção coletiva para os moradores de um dado bairro e, raramente, revela trato específico para seus adolescentes. As condições do território em que vive o adolescente em MSE-MA deveriam possibilitar quer a atenção quer o reconhecimento social dos adolescentes que compartilham o mesmo espaço. A leitura das condições territoriais para a adolescência torna-se uma exigência para que a execução da MSE-MA seja bem-sucedida, e isso requer articulação entre autoridades municipais e públicas.

A qualificação dos recursos materiais e humanos de um dado território, para que alcance a condição de ser amigável à vida e não à violência e à morte, ultrapassa as condições que um serviço/atenção de MSE-MA possa, como agente isolado, suportar e responder.

A aplicação da MSE-MA envolve a condição de não apartar o adolescente de suas condições concretas de vida cotidiana, pois essa conduta, além de ser indesejável equívoco do ponto de vista histórico-relacional, é paradoxal ao processo socioeducativo. Legalmente, o movimento socioeducativo faz transitar a subjetividade do sujeito de direito, o adolescente, à objetividade da MSE-MA direcionada a demonstrar seu alcance para novas aquisições, ainda que sejam momentâneas ou de relativa proteção social.

Não é habitual, ao procedimento de um juiz da Vara da Infância, ao estabelecer a um adolescente o cumprimento de MSE-MA, nela distinguir as condições territoriais do lugar onde vive esse adolescente e dar indicações que a determinem em seu julgamento e teor da medida. Por consequência, quando o juiz destina ao adolescente o cumprimento da tríade RET — Ressocialização, Educação e Trabalho —, padronizada pelo artigo 119 do Estatuto da Criança e do Adolescente (ECA), deve constatar até onde as condições reais do lugar onde esse adolescente vive oferecem tais possibilidades. Essa avaliação, certamente, é feita pelo agente de campo da MSE-MA, que analisará as possibilidades concretas instaladas fundamentais para o alcance do trabalho socioeducativo.

Culpabilizar o adolescente pela eventual precarização do território onde vive, ou mesmo transferir a ele a responsabilidade em prover, para sua vida, condições adequadas para um futuro melhor, não deixa de ser manifestação reducionista da responsabilidade pública/estatal para um indivíduo, no caso, o adolescente, o que termina por evidenciar que está sendo retirada dele a condição de sujeito de direitos. Não se pode limitar a vida do adolescente a uma leitura singular, que o isole das condições objetivas em que vive, e do respeito à dignidade da adolescência, fase de seis anos do ciclo vital de todo ser humano.

Não é raro apresentar-se um descompasso entre as condições objetivas de vida do adolescente, a partir do seu bairro ou do seu território cotidiano de convivência, em face da determinação judicial. Essa decalagem tem sido objeto de reclamos pontuais de agentes sociais, ao expressarem o limite real de condições para que possam levar, a bom termo, o trabalho socioeducativo e protetivo. É preciso entender que, ao não serem objetivadas as reais condições ofertadas ao adolescente, a partir do lugar onde vive, ou ao considerá-lo individualmente, o trabalho do agente desenvolve-se de forma truncada.

Deve-se entender que o sucesso dos resultados da aplicação de uma MSE-MA não é unilateral, ou fruto da ação individual de um adolescente, ou do trabalho de um só agente.

Defende-se que três fatores concorrem para dar visibilidade às condições objetivas do lugar de vivência do adolescente: a localização territorial do assentamento de sua família; a vicinalidade com sua parentela e de amigos; e a nova institucionalidade instalada que municipalizou e incorporou o Serviço de Proteção Social ao Adolescente em Cumprimento de MSE-MA na gestão da do SUAS.

Medida Socioeducativa em Meio Aberto em contexto de estímulo à convivência nas cidades brasileiras

O processo de municipalização e descentralização do poder público estatal é fato histórico, na estruturação do Estado brasileiro, desde que foi promulgada a Constituição Federal (CF) de 1988. Essa direção foi reafirmada pelo ECA, em 1990, e pelo SINASE de 2006/2012. A municipalização da medida socioeducativa e protetiva ao adolescente trouxe, por si só, a proximidade à realidade concreta — múltipla, diversa, desigual — entre os milhares de municípios brasileiros. A correta orientação em eliminar a cultura da institucionalização, no trato do adolescente, não implicou necessariamente o pronto amadurecimento da maneira de atuar com as características territoriais brasileiras na atenção à medida socioeducativa em meio fechado e meio aberto. A multiplicidade e diversidade dos lugares para o trabalho socioeducativo, gerados pela municipalização, introduziram novos elementos, que têm recebido trato tímido, ou, até, de baixa apropriação, na reflexão sobre o tema, embora já se experiencie uma década e meia de municipalização da gestão da MSE-MA.

O ECA, ao eleger como diretriz da atenção ao adolescente em MSE-MA, a municipalização (art. 88, I) e, por consequência, a descentralização das atenções realizadas pela articulação de múltiplas institucionalidades públicas e privadas — da sociedade civil, de forças locais, vicinais, com ação territorializada e abrangência municipal — introduziu nova responsabilidade para a gestão dos municípios. Note-se, porém, que a municipalização deve ser entendida como um processo de federalismo partilhado, ou cooperativo, e não um isolamento de competências entre os três entes federativos, que leva à noção de prefeiturização.

As consequências dessa nova territorialização não foram analisadas antecipadamente, de modo a conceber estratégias prévias para o trato das implicações resultantes da diversidade e das desiguais condições de vida entre os brasileiros, que se concretizam a partir do chão onde se vive e convive no País. Essa avaliação prévia certamente faria aflorar o fato benéfico — que fique aqui assentado, do ponto de vista da justiça social — que a municipalização traria.

O olhar sobre as condições de vida do adolescente e seus familiares, na aplicação da MSE-MA, acabou por ser exponenciado pela gestão do ente federativo municipal, que só foi ocorrer após 15 anos de implementação do ECA. A participação das prefeituras, e seus órgãos, na gestão da MSE-MA, multiplicou os 26 entes estaduais e o Distrito Federal para as atuais 5.570 gestões municipais, e essas, como se pode verificar, pela modalidade de ações conveniadas, ampliaram a presença de OSC.

Não se sabe afirmar, portanto, quem são, ou quantos sãos, os agentes intermediários e finais da aplicação de MSE-MA no Brasil de hoje. O que, como já dito, dificulta afirmar qual é a ética de garantia de direitos dos adolescentes que vem sendo de fato aplicada.

A territorialização da gestão da MSE-MA levou à aproximação física com novas institucionalidades públicas e privadas, mas também aproximou a ação dessas institucionalidades das características objetivas da demanda, exigindo que os gestores e operadores dessas agências incorporassem as características das demandas locais em seu trabalho e responsabilidade. Portanto, cada agência passou a atentar para a diversidade do real, que se manifesta em sua área de abrangência, para que suas respostas não sejam genéricas e incompatíveis com a expressão da realidade da população da área territorial pela qual responde. Essa aproximação não significa, porém, que se tenha conseguido uma consistência da atenção intersetorial e territorial dos adolescentes de forma geral e aqueles em MSE-MA.

A multiplicidade e a diversidade dos lugares para o trabalho socioeducativo, gerados pela municipalização e descentralização, introduziram novos elementos, que têm recebido trato tímido em sua particularização. Ocorre baixa diversidade territorial, sob a nominação meio aberto. Há pouca reflexão sobre o tema, como se fosse algo natural ou naturalizado.

A permanência de leituras que ocultam a diversidade do real, ou que individualizam ocorrências como se fossem consequências da singularidade da vida de um dado adolescente, são fatores que conservam a discussão em baixo avanço. Tais distorções de leitura e interpretação terminam por culpabilizar o adolescente pelo trato precário de sua própria vida.

O balanço das condições reais de vida em um dado território, para um adolescente (tomado individualmente) e para a adolescência do mesmo território (tomada como categoria coletiva), no conteúdo do Plano Individual de Atendimento (PIA), permite que a medida socioeducativa e a direção protetiva se embebam com as efetivas condições existentes, para além da individualidade da pessoa do adolescente.

Trabalhar com o adolescente em meio aberto não se limita a uma ação dirigida a um adolescente, ou tão só ao espaço onde ocorre o serviço de atenção, ou onde funciona um Centro de Referência Especializado de Assistência Social (CREAS). Antecede e segue, ao conteúdo do trabalho socioeducativo com o adolescente da MSE-MA, a capacidade do profissional de decodificar o chão onde vive o adolescente e sua família, cuja dinâmica e cujas características são constituídas pela interferência de múltiplos agentes e condições.

Outro fator que concorreu para ampliar a exigência de incorporação das condições concretas onde vive o adolescente no processo de MSE-MA decorre do traslado de sua gestão, do campo da Justiça, para o da política pública/estatal de assistência social. Por consequência, o assentamento da responsabilidade da gestão estatal pela MSE-MA deixou de ser uma extensão para o gestor do meio fechado[1].

Medida Socioeducativa em Meio Aberto sob a presença protetiva do SUAS em contexto municipal

A vinculação da aplicação da MSE-MA ao funcionamento municipal do SUAS se deu por meio da aprovação, pelo Conselho Nacional de Assistência

---

1. No capítulo 3 pode ser constatada a expressão "dois tempos", referindo-se a esses dois mundos implicados na MSE-MA: o sistema de justiça, homogêneo, vertical e formal; o sistema socioprotetivo/socioeducativo, local, horizontal e articulador de múltiplas e diversas forças informais.

Social (CNAS), da Resolução n. 109, em 11 de novembro de 2009, relativa à Tipificação dos Serviços Socioassistenciais. Constou, na proteção especial de média complexidade, o Serviço de Proteção Social a Adolescentes em Cumprimento de Medida Socioeducativa de LA e de PSC, descrito como tendo por:

> [...] finalidade prover atenção socioassistencial e acompanhamento a adolescentes e jovens em cumprimento de medidas socioeducativas em meio aberto, determinadas judicialmente. Deve contribuir para o acesso a direito e para a ressignificação de valores na vida pessoal e social dos adolescentes e jovens. Para a oferta do serviço faz-se necessária a observância da responsabilização face ao ato infracional praticado, cujos direitos e obrigações devem ser assegurados de acordo com as legislações e normativas específicas para o cumprimento da medida. Na sua operacionalização é necessária a elaboração do Plano Individual de Atendimento (PIA) com a participação do adolescente e da família, devendo conter os objetivos e metas a serem alcançados durante o cumprimento da medida, perspectivas de vida futura, dentre outros aspectos a serem acrescidos, de acordo com as necessidades e interesses do adolescente. O acompanhamento social ao adolescente deve ser realizado de forma sistemática, com frequência mínima semanal que garanta o acompanhamento contínuo e possibilite o desenvolvimento do PIA. No acompanhamento da medida de Prestação de Serviços à Comunidade o serviço deverá identificar no município os locais para a prestação de serviços, a exemplo de: entidades sociais, programas comunitários, hospitais, escolas e outros serviços governamentais. A prestação dos serviços deverá se configurar em tarefas gratuitas e de interesse geral, com jornada máxima de oito horas semanais, sem prejuízo da escola ou do trabalho, no caso de adolescentes maiores de 16 anos ou na condição de aprendiz a partir dos 14 anos. A inserção do adolescente em qualquer dessas alternativas deve ser compatível com suas aptidões e favorecedora de seu desenvolvimento pessoal e social.

A inter-relação da aplicação da MSE-MA com a política de assistência social acentuou a presença, em sua dinâmica, dos princípios de convivência familiar e comunitária e exponenciou a dimensão protetiva no interior do trabalho socioeducativo. Todavia, essa dupla dimensão não está suficientemente explícita, visto considerar que esse ocultamento fragiliza a proteção social e integral do adolescente. A gestão da MSE-MA, ao se vincular à gestão municipal do SUAS, foi localizada no âmbito da proteção social especial de média complexidade.

Os princípios e as diretrizes operativas do campo de responsabilidade da atenção da política de assistência social (e, por consequência, do SUAS), fundada na proteção social/seguridade social, passaram a exigir que o conteúdo protetivo da MSE-MA fosse enfatizado, tornando-se um processo socioeducativo-protetivo.

O trabalho socioeducativo da MSE-MA, sob esse novo lugar socioprotetivo, exige o procedimento da territorialização constitutivo da proteção social. Assim, as condições do lugar onde vive o adolescente passam a ser parte inerente do processo de atenção. O contexto protetivo requer o respeito à dignidade humana desde o lugar onde se vive. A dinâmica territorializada do trabalho socioeducativo e protetivo vem aportando novos elementos a serem considerados, estudados e aplicados.

A alteração do processo de gestão da MSE-MA passou a exigir mudança no trato pelo Sistema de Justiça, ao determinar as implicações da medida socioeducativa em meio aberto. A ausência da trajetória do adolescente das condições objetivas onde vive — ele e a adolescência, de modo coletivo —, em um dado contexto territorial, pode levar a manifestações de judicialização, conforme é analisado no capítulo 3.

A supressão/inexistência de condições adequadas no local onde vive o adolescente faz com que a imposição de exigências pela "sentença" judicial, orientada por tempo e por metas a serem cumpridas pelo adolescente, seja incompatível com o real, e isso poderá vir a se caracterizar como expressão de judicialização, por sua incompatibilidade de cumprimento.

A proteção social expressa-se concretamente por tudo aquilo (pessoas, condições, apoio, certezas, seguranças) que se pode contar quando da vivência de uma fragilidade. A falta de elementos/condições reais configurará desproteções sociais e, por consequência, a proteção social no trabalho socioeducativo implica ampliar o saber sobre com o que o adolescente conta para apoiá-lo em face das violações de direitos que surgem em seu cotidiano.

A gestão da MSE-MA sob o contexto socioprotetivo ainda tem baixa incorporação pelo Sistema de Justiça. O mesmo ocorre com algumas Organizações da Sociedade Civil (OSC) contratadas por prefeituras para executar esse tipo de atenção. Representantes do Sistema de Justiça, por vezes, guardam, nas lentes de suas memórias, imagens de práticas assistencialistas e/ou corporativas de profissionais graduados em Serviço Social, e as estendem ao SUAS, sem distinguir a política social da nominação do profissional. Acabam, não raro, por se relacionar com agentes estatais do SUAS, do Poder Executivo, como se fossem servidores do Sistema de Justiça com os quais mantêm relação hierárquica.

A dimensão socioprotetiva, no trabalho socioeducativo, demanda padrão de diálogo com agentes do Judiciário, do Ministério Público e da Defensoria Pública, para que, necessariamente, incluam as condições objetivas, do meio aberto em que vive o adolescente, em suas tomadas de decisões. A argumentação, assentada nas condições efetivas do cotidiano do adolescente amplia a viabilidade de que determinações de cumprimento da medida sejam exequíveis. Esse modo de proceder reduz possíveis arbitrariedades que possam ocorrer quando na avaliação das condições alcançadas para encerramento da medida.

Assentar as determinações judiciais em condições reais para seu efetivo cumprimento é um dos desafios do meio aberto em que convive o adolescente, sobretudo quando se respeita o sentido protetivo da medida. Outro cuidado é relativizar a noção de que o bom alcance da aplicação da medida depende de ações individuais de um adolescente, o que lhe exige arrependimento, constrição, responsabilização, entre outras manifestações, que trazem na memória o processo penitente da moral religiosa.

As condições da aplicação da medida socioeducativa em meio aberto não podem continuar a ser tomadas como resultantes de algo ocasional, individual, pontual e eventual. Precisam receber efetiva atenção, desde o Sistema de Justiça (sobretudo o juiz), dos Conselhos e conselheiros, do controle social, dos gestores da MSE-MA e dos operadores dos serviços que dedicam atenção aos adolescentes nos diversos territórios.

O trabalho social com adolescentes transborda a relação estabelecida em atividades/trabalhos intra-institucionais e exige que ele ingresse no âmbito dos territórios de convívio dos adolescentes, a fim de mapear a multiplicidade de relações que marcam a dinâmica de seu cotidiano.

O convívio socioprotetivo/socioeducativo tem sido objeto de algumas fricções. Praticar a proteção social ao adolescente, a quem se atribui a prática de ato infracional, é, para alguns, sobretudo no campo do Sistema de Justiça, algo paradoxal, embora aceitem a natureza socioeducativa, e não punitiva, da medida socioeducativa. O trato centrado na busca da responsabilização do adolescente secundariza o sentido de proteção social.

Percebe-se que ocorre certo retraimento da dimensão de proteção social na aplicação da medida socioeducativa. Esse retraimento põe uma questão de fundo: seria a permanência da aplicação de medida socioeducativa na gestão da política de assistência social seu *locus* mais adequado? Seria possível, ao Judiciário, incorporar a dimensão protetiva na aplicação de medida socioeducativa ao adolescente?

Independentemente das respostas possíveis, entende-se que a passagem de um adolescente e sua família por um serviço de medida socioeducativa, desde que no âmbito do SUAS, deve resultar em ampliação de acesso às atenções prestadas por serviços, programas e projetos, nos seus territórios de vida cotidiana. Nesse caso, a MSE-MA fortalece as seguranças sociais que ampliam suas condições de proteção social. Entende-se, ainda, que o ingresso, no SUAS, do Serviço de MSE-MA, ao reforçar a proteção social, exige que seu usuário seja incluído em toda a horizontalidade da oferta do SUAS em proteção social especial e básica, a começar da inscrição no Cadastro Único (CADÚnico).

A partir das ponderações até aqui apresentadas, alguns supostos fundamentam o conteúdo deste capítulo:

- O conteúdo e a aplicação da medida socioeducativa não suprem, ou afastam, a direção e a presença da proteção integral determinadas pelo ECA;

Adolescências, Direitos e Medidas Socioeducativas em Meio Aberto

- as condições objetivas do lugar onde vivem o adolescente e sua família implicam diretamente nas condições da oferta de proteção social;
- após quase uma década da regulação federativa, que resultou na Tipificação de Serviços Socioassistenciais do SUAS, e incluiu, como serviço de média complexidade, sua responsabilidade pela MSE-MA, já se delineiam observações sobre a direção e os resultados desse formato de gestão que serão tratados adiante.

Entende-se que as duas primeiras afirmações já foram aqui tratadas e isso permite avançar no detalhamento da terceira afirmação: resultados de uma década de aplicação da MSE-MA como um serviço do SUAS.

Em coerência com o princípio de que o meio aberto exige aproximação do real, e de que a dimensão protetiva implica a oferta de condições objetivas com que se pode contar, a reflexão prossegue direcionada à expressão territorial atual da MSE-MA no Brasil, particularizando suas regiões, os Estados da Federação e suas metrópoles.

Tais análises são ancoradas em dois movimentos de investigação do real. O primeiro deles resgata, ainda que brevemente, a dimensão que a medida socioeducativa alcança no País, destacando o meio aberto e o fechado. Essa investida se deu pela consulta a dados populacionais da Fundação Instituto Brasileiro de Geografia e Estatística (IBGE) e de dados de ocorrências registradas pelo Conselho Nacional de Justiça (CNJ), com base nos registros de Tribunais de Justiça Estadual.

Importa, nesta análise, quebrar a leitura individualizada e individualizante do adolescente sob MSE-MA. É preciso entender que uma política pública de prevenção de agravamentos precisa de referenciais de totalidade. Para isso, as análises longitudinais, em seu resgate histórico, fazem avançar as formas de apresentação da questão e suas forças mobilizadoras no tempo. E, por sua vez, o conhecimento da incidência territorial da questão em âmbitos regional, estadual e municipal, e até mesmo distrital, possibilitam a leitura da dispersão, concentração e intensidade das ocorrências no espaço.

Incidência e características dos adolescentes no Brasil

Estima-se que a população brasileira de adolescentes (de 12 a 18 anos), em 2018, seja composta de 25 milhões de indivíduos, o que representa, aproximadamente, 15% da população brasileira, ou pouco mais de 1 milhão de adolescentes (IBGE, Censo de 2010).

Cada uma das idades que compõem esse ciclo etário, 12 aos 18 anos, constitui, na população brasileira total a incidência de 3,2 a 3,6 milhões de brasileiros adolescentes (vide Tabela 3, na p. 72). É importante ter presente essa ordem de grandeza quantitativa pois, não raro, os adolescentes sob MSE são quantificados sob uma abrangência descomunal ou de multidão. Fica então a pergunta: desse conjunto de 25 milhões, qual é a incidência de adolescentes em MSE?

Pode-se refinar essa questão, uma vez que essa reflexão quer assentar os adolescentes no chão onde vivem. Pergunta-se, então: há diferenciações entre os estados brasileiros quanto à presença de adolescentes em MSE? Ou, ainda: a incidência de adolescentes em MSE por faixa etária é homogênea ou heterogênea?

Essas e outras questões se apresentaram na busca da incidência territorial da MSE-MA no Brasil. Entendeu-se, ainda, ser preciso conhecer a incidência de MSE como uma totalidade, antes de distingui-la entre suas espécies singulares, sob meio aberto ou fechado. Todavia, essa ampliação não fez perder o foco da responsabilidade municipal pelo meio aberto, que aqui se discute.

A importância em se destacar a diversidade, entre os adolescentes, possibilitou o acesso ao estudo do Ipea de 2016 publicado sob o título *Dimensões da experiência juvenil brasileira: novos desafios às políticas públicas*, com base nos dados do IBGE de 2014 (Rocha; Botelho, 2016). Para o total de adolescentes homens (51,2%), as mulheres são 48,8%. Do total, 59% se consideram negros e 82% vivem em área urbana; e 93% dos adolescentes até 14 anos têm o ensino fundamental completo.

Entre os adolescentes de 15 a 17 anos, 27% concluíram o nível fundamental; 22% não o concluíram; 33% cursam o nível médio e somente 1,32%

já o concluíram. Cerca de 15% estão fora da escola, pois só trabalham ou nem estudam /nem trabalham; estão fora da escola, seja por falta de acesso, ou por não terem condições de permanência. A relação série/idade manifesta melhor adequação para os adolescentes com até 15 anos de idade (Tabela 1).

O Fundo das Nações Unidas para a Infância (UNICEF), em seu relatório de 2011, Situação Mundial da Infância 2011 — Adolescência: Uma Fase de Oportunidades —, indicou que 38% dos adolescentes viviam em situação de pobreza e corriam risco de ser invisíveis para os gestores públicos e, consequentemente, para o alcance das políticas públicas. Um dos dramas da adolescência é a sua fragilidade em relação a riscos devidos à violência; à degradação ambiental; à redução dos níveis de qualidade de vida; à precarização de condições pessoais de renda, do local de moradia; da precária oferta de condições no lugar onde vivem com sua família; ao trato preconceituoso com seus traços de gênero, raça e etnia (Tabela 2).

Tabela 1. Distribuição de jovens adolescentes de 15 a 17 anos por tipo de atividade (2013) (em %)

Características/Idade		12 a 14	15 a 17	Total
Sexo	TOTAL	49,63	50,37	100
	Homem	51,54	50,85	51,19
	Mulher	48,46	49,15	48,81
Escolaridade	Sem instrução	0,64	0,52	0,58
	Fundamental completo	93,30	27,00	59,90
	Fundamental incompleto	3,47	22,33	12,97
	Médio incompleto	0,41	32,58	16,61
	Médio completo	0,00	1,32	0,67
	Superior incompleto	0,00	0,10	0,05
Raça/cor	Branca	40,22	40,69	40,45
	Negra	59,22	58,62	58,92
	Outra	0,56	0,70	0,63
Área	Urbano	81,45	82,85	82,16
	Rural	18,55	17,15	17,84

Fonte: IBGE (2014). Transcrita do documento do Ipea (2016, p. 293): Dimensões da Experiência Juvenil Brasileira: Novos Desafios às Políticas Públicas. Diretoria de Estudos e Políticas Sociais (Disoc). Preparado por: Enid Rocha e Rosana Botelho.

Tabela 2. Distribuição de jovens adolescentes de 15 a 17 anos por tipo de atividade (2013) (em %)

Vivem em Famílias com Renda Familiar *per Capita*	Só Estuda	Estuda e Trabalha	Só Trabalha	Nem Estuda nem Trabalha
Inferior a 1 salário mínimo	67	63	66	84
De 1 a 2 salários mínimos	18	25	23	9
Superior a 2 salários mínimos	10	6	5	3
Sem declaração de rendimento	5	6	6	4
Total	**100**	**100**	**100**	**100**
Total (números absolutos)	7.210.636	1.763.990	584.228	1.083.489
	68%	**17%**	**5%**	**10%**

Fonte: IBGE (2014). Extraída e adaptada do documento do Ipea (2016, p. 293): Dimensões da experiência juvenil Brasileira: novos desafios às políticas Públicas. Diretoria de Estudos e Políticas Sociais (Disoc).

Ao examinar a alta incidência de adolescentes entre 15 a 17 anos que desenvolvem atividades laborativas, verifica-se que a maioria pertence a famílias cuja renda *per capita* mensal é inferior a um salário mínimo. E, ainda, que, entre os adolescentes que nem trabalham nem estudam, 84% vivem em famílias cuja renda *per capita* mensal é menor do que um salário mínimo.

O *Atlas da Violência de 2018* (IPEA, 2018) reitera a marca juventude perdida, assim qualificada não por incidência de atitude transgressora, mas por sua morte precoce, isto é, trata-se de anos perdidos de vidas que construiriam o futuro da sociedade. Aponta ainda que, nos últimos 10 anos, a relação raça/cor com mortes violentas registra que "a taxa de homicídios de indivíduos não negros reduziu em 6,8%, ao passo que a vitimização da população negra aumentou 23,1%".

Afirma o estudo, que, no ano de 2016, enquanto a taxa de homicídio para a população negra era de 40,2%, para o restante da população foi de 16%: "o que implica dizer que 71,5% das pessoas que são assassinadas a cada ano no país são pretas ou pardas" (IPEA, 2018, p. 4). Considera ainda, o Atlas, que, se for comparada a incidência de homicídios entre negros e não negros, os resultados registrados de desigualdade racial em termos da violência letal parecem ser cenários procedentes de países diferentes. Repete-se o que já vem sendo descrito, em seguidos estudos sobre a violência letal no Brasil, o *Índice de Vulnerabilidade Juvenil à Violência de 2015*, por exemplo, mostra que o risco de o jovem negro ser vítima de homicídio no Brasil é 2,7 vezes maior do que o de um jovem branco.

> No país, 33.590 jovens foram assassinados em 2016, sendo 94,6% do sexo masculino. Esse número representa um aumento de 7,4% em relação ao ano anterior. Se, em 2015, pequena redução fora registrada em relação a 2014 (-3,6%), em 2016 voltamos a ter crescimento do número de jovens mortos violentamente. Houve aumento na quantidade de jovens assassinados, em 2016, em vinte UFs, com destaque para Acre (+84,8%) e Amapá (+41,2%), seguidos pelos grupos do Rio de Janeiro, Bahia, Sergipe, Rio Grande do Norte e Roraima, que apresentaram crescimento em torno de 20%, e de Pernambuco, Pará, Tocantins e Rio Grande do Sul, com crescimento entre 15% e 17%. Em apenas sete UFs verificou-se redução, com destaque para Paraíba, Espírito Santo, Ceará e São Paulo, onde houve diminuição entre 13,5% e 15,6% (IPEA, 2018, p. 34).

Incidência e características dos adolescentes sob Medida Socioeducativa no Brasil

Com o objetivo de particularizar, nesse conjunto de adolescentes e jovens brasileiros, aqueles submetidos à Medida Socioeducativa, adotou-se como caminho o acesso em 2017 às informações pelo Cadastro Nacional de Adolescentes (CNACL), sistema ·alimentado conforme a Resolução n. 77/2009 do Conselho Nacional de Justiça (CNJ).

O Relatório de Guias Expedidas por Tribunais de Justiça Estadual apresenta o quantitativo de adolescentes cadastrados, as idades dos adolescentes em cumprimento de medida socioeducativa, o quantitativo de guias expedidas, por tribunal, o quantitativo de adolescentes conforme a natureza da medida socioeducativa aplicada, e a análise dos atos infracionais mais registrados por adolescentes (Tabela 3).

Tabela 3. Incidência percentual por faixa etária de adolescentes em MSE no Brasil, em 2017, em face do contingente de adolescentes quantificados por faixa etária pelo Censo 2010 do IBGE

Faixa Etária	Adolescentes por Faixa Etária	Incidência de adolescentes em 2017 cumprindo MSE por idade (CNJ)				
		2016		2017		
		No	%	No	%	Diferença
12	3.430.693	0		0	0	=
13	3.352.675	0		150	0	>
14	3.552.552	106	0,00	1.114	0	>
15	3.617.469	868	0,02	3.863	0,10	>
16	3.443.485	2.739	0,07	8.802	0,20	>
17	3.338.530	6.784	0,20	16.522	0,50	>
18	3.205.499	12.908	0,40	25.610	0,80	>
19	-	19.044		22.796		>
20	-	15.926		6.763		<
21	-	5.156		2.492		<
Total	**23.940.903**	**63.431**	**0,26%**	**88.112**	0,36%	

Fontes: Censo de 2010. Sistema IBGE de Recuperação Automática (Sidra). Tabelas Estatísticas. CNJ. *Cadastro nacional de adolescentes em conflito com a lei*. Relatório de Guias Expedidas por Tribunais de Justiça Estadual.

Nota: A idade do adolescente contabilizada nas guias é a de aplicação da medida. Os adolescentes entre 19 e 21 anos permanecem em cumprimento de MSE, deliberada quando tinham idade inferior a 18 anos.

Em 2016, foram expedidas 63.431 guias, o que equivale à incidência de 0,26% dos adolescentes do País e, em 2017, 88.112 guias, alcançando 0,36% do total de adolescentes registrados no Censo 2010 do IBGE.

A incidência registrada é bem menor do que 0,5% de adolescentes que foram "processados" no Brasil por envolvimento em ato infracional. É preciso ter claro que, ao analisar dados de adolescentes aos quais é atribuída a autoria do ato infracional, lida-se com um número residual de sujeitos. Essa afirmação não reduz a importância da questão, mas exige considerar que a ressonância social dessa situação é muito mais forte do que a quantidade dos fatos.

Adolescências, Direitos e Medidas Socioeducativas em Meio Aberto

O crescimento quantitativo de adolescentes em MSE, entre os anos de 2016-2017, é heterogêneo, entre as faixas etárias. Entre 17 e 18 anos, o percentual altera-se de 31% para 48%; entre jovens de 20 e 21, de 63% para 37%.

A incidência de emissão de Guias, em 2016 e 2017, foi analisada territorialmente pelos Estados da Federação e o Distrito Federal. Isso permitiu a aproximação com o comportamento regional da incidência de MSE e, nele, o acréscimo, a permanência ou redução das incidências de expedição de guias para cumprimento de MSE nesse período.

Gráfico 1. Incidência absoluta de guias expedidas por Tribunal de Justiça de cada Estado brasileiro, agregado por macrorregião, nos anos de 2016-2017

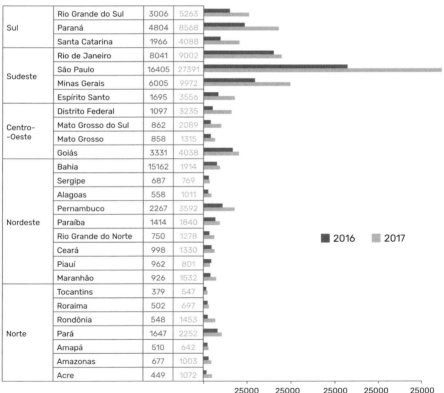

Fonte: CNJ, 2017. *Cadastro nacional de adolescentes em conflito com a lei*. Relatório de Guias Expedidas por Tribunais de Justiça Estaduais.

Nota: A consulta ao cadastro relativa ao ano de 2016 foi realizada em 14 de setembro de 2018; quanto ao ano de 2017, em 25 de março de 2018.

No país, as quase 100 mil guias de MSE expedidas em 2017 traduzem um crescimento de 59% de incidência, em relação ao ano anterior. Foram mais de 36.863 novas guias expedidas, entre um ano e outro (Gráfico 1). Ainda está para ser realizado um estudo longitudinal de espectro mais abrangente sobre as variações anuais da incidência de MSE no geral e territorial.

Os dados absolutos mostram que o TJ do Estado de São Paulo é o campeão na emissão de guias, fato que pode ser explicado por se tratar do Estado mais populoso.

Em 2017, São Paulo registrou 27.391 guias; Minas Gerais, com o segundo posto nacional, 9.972 guias; Rio de Janeiro, 9.002; Paraná, 8.568. Os demais, a começar pelo Rio Grande do Sul, com 5.263 guias, registram números abaixo dessa incidência. Em resumo, o Estado de São Paulo expediu o triplo do ocorrido no Rio de Janeiro e 2,7 vezes mais do que Minas Gerais. A Região Sudeste do País concentrou, em números absolutos, 51% da totalidade de Guias de MSE expedidas em 2016, e 50%, em 2017, crescendo nos dois anos e alcançando 55%. A Região Sul cresceu 83%, com maior incidência em Santa Catarina, mas nela ocorreu, ainda, a redução da expedição de guias (8,5 mil) no Paraná.

O Piauí, entre um ano e outro, reduziu suas ocorrências. Das 962 guias expedidas em 2016, houve uma queda para 801; em 2017, foi o único estado que registrou tal resultado, pois todos os outros subiram suas incidências.

Dentre os estados da Região Centro-Oeste, destacam-se o Distrito Federal e Mato Grosso do Sul, que alcançaram 195% e 142%, respectivamente, em acréscimo na expedição de guias entre um ano e outro. O pico mais alto deu-se no Distrito Federal, com 195%, enquanto, em Goiás, estado vizinho, a alteração foi de 21%. O que teria ocorrido na realidade do Distrito Federal em 2017? Teria ocorrido alguma alteração no procedimento de expedição de guias de MSE no Tribunal de Justiça do DF?

O ranqueamento da análise das emissões de guias pelo Tribunal de Justiça dos Estados pode ser visto no Gráfico 2, que os distingue sob quatro classificações: sete em que a ampliação entre 2016/17 variou de zero a 26%, classificados como de baixa incidência; seis, cuja incidência variou de 30% a menos de 50%, os de moderada incidência; cinco, com ampliação de mais de 50% a menos de 70%, ou de alta incidência; dez Estados com muito alta incidência, entre 70% a 195%.

A análise procedida indica a importância em ser mantido, pelo Cadastro Nacional, um estudo longitudinal territorializado. Essa análise deveria ser

Mapa 1. Porcentagem de aumento de incidência entre os anos de 2016/17 de guias expedidas para aplicação de MSE para adolescentes pelo Tribunal de Justiça de cada Estado da Federação.

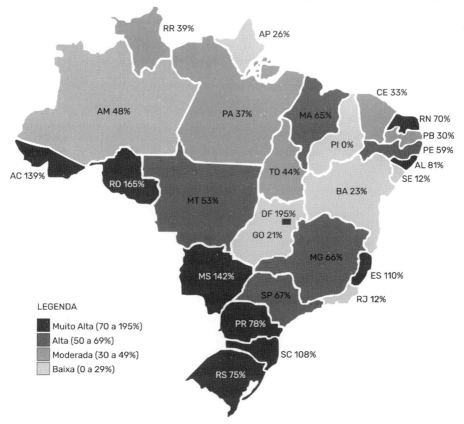

Fonte: CNJ. *Cadastro nacional de adolescentes em conflito com a lei*. Relatório de Guias Expedidas por Tribunais de Justiça Estadual.

Nota: A consulta ao cadastro relativa ao ano de 2016 foi realizada em 14 de setembro de 2018; quanto ao ano de 2017, deu-se em 25 de março de 2018.

mobilizadora da união de forças entre os órgãos de execução com atribuições na área da infância, tanto do Judiciário quanto do Ministério Público Estadual, que, articulados com os sujeitos coletivos do eixo de direitos, como os Conselhos, Municipais e Estaduais, de Direitos da Criança e do Adolescente, poderiam manter similar registro para os municípios brasileiros. Resultados do Rio de Janeiro e Sergipe, assim como os de Rondônia e Distrito Federal, clamam por análises que poderiam iluminar o comportamento das incidências, ano a ano, nos demais estados.

Outra informação obtida pelo Cadastro Nacional de Adolescentes em Conflito com a Lei, pelo Relatório de Guias Expedidas por Tribunais de Justiça Estadual do Conselho Nacional de Justiça, foi relativa às modalidades de MSE aplicadas conforme se lê na Tabela 4. As MSE-MA correspondem a mais de 70% do total aplicado em ambos os anos.

Gráfico 2. Agregação por níveis de intensidade percentual do aumento de guias expedidas em 2016-2017 pelo Tribunal de Justiça de cada Estado da Federação para aplicação de MSE para adolescentes.

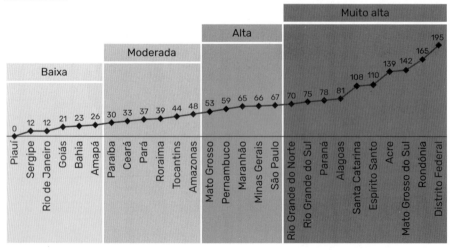

Fonte: CNJ. *Cadastro Nacional de Adolescentes em Conflito com a lei*. Relatório de Guias Expedidas por Tribunais de Justiça Estadual.
Nota: Consulta relativa ao ano de 2016 foi realizada em 14 e setembro de 2018; quanto ao ano de 2017, ocorreu em 25 de março de 2018.

Adolescências, Direitos e Medidas Socioeducativas em Meio Aberto 73

Tabela 4. Incidência por tipo de medida em cumprimento pelos adolescentes em MSE em 2016 e 2017

| Tipo de Medida | Guias Expedidas | | | | Movimento 2016/2017 |
| | 2016 | | 2017 | | |
	N°	%	N°	%	
LA	29.546	38	39.053	36	-2%
PSC	27.455	36	38.791	36	0
Subtotal	**57.011**	**74**	**77.844**	**72**	-2%
Internação com atividade externa	3.421	4	6.638	06	+2%
Internação sem atividade externa	9.194	12	14.581	13,5	+1,5%
Subtotal	**12.615**	**16**	**21.219**	**20**	+3,5%
Semiliberdade	5,582	07	6.910	06	-1%
Advertência	1.273	02	1.253	01	-1%
Reparo de dano	325	0,5	459	0,5	0
Subtotal				**08**	
Total	**76796**		**107.685**		

Fonte: CNJ, 2017. *Cadastro nacional de adolescentes em conflito com a lei*. Relatório de Guias Expedidas por Tribunais de Justiça Estaduais.

Constatou-se pequena tendência no aumento de expedição de guias para cumprimento de MSE em meio fechado, entre 2016-17, o que pode ser interpretado como sinal de agravamento na decisão sobre a aplicação de medidas.

Embora menos significativas em ocorrências, as medidas aplicadas em meio fechado são cercadas de muita repercussão, quer para os que buscam a proteção de direitos desses adolescentes, quer para os que apregoam rígidos castigos ao adolescente e a antecipação da idade penal, reduzindo-a dos atuais 18 anos. De 16% dos adolescentes inseridos em meio fechado, em 2016, chegam a 20%, em 2017. E, destes, 13,5% estão sob internação sem atividade externa, e 6,5% sob internação com atividade externa. Em semiliberdade, são 6%; em advertência, 1,5%, e 0,5% em Reparação de Dano.

Essa leitura nacional das MSE exige uma reflexão específica para as medidas em meio aberto, que são mais de 70% da totalidade.

A particularidade da MSE-MA para adolescentes: incidência e perspectivas entre o socioeducativo e o socioassistencial

Apesar da forte incidência dos serviços do SUAS na atenção à MSE-MA nos municípios, a lei do SINASE ignora tal atenção e refere como medidas de atenção ao adolescente a saúde e a educação, mas nada quanto ao SUAS ou à centralidade da proteção social de média complexidade do SUAS. Limita-se a configurar os itens a compor o Plano Individual de Atendimento (PIA), que, como todo plano de dimensão utópica, refere-se a intenções, mas não à disponibilidade de condições para sua efetivação.

Estabelece a Política Nacional de Assistência Social (PNAS) de outubro de 2004, publicada no Diário Oficial da União em 28 de outubro de 2004 (p. 37):

> [...] A proteção social especial é a modalidade de atendimento assistencial destinada a famílias e indivíduos que se encontram em situação de risco pessoal e social, por ocorrência de abandono, maus tratos físicos e, ou, psíquicos, abuso sexual, uso de substâncias psicoativas, *cumprimento de medidas socioeducativas*, situação de rua, situação de trabalho infantil, entre outras. São serviços que requerem acompanhamento individual e *maior flexibilidade nas soluções protetivas* [...]. Os serviços de proteção especial têm estreita interface com o sistema de garantia de direito exigindo, muitas vezes, uma gestão mais complexa e compartilhada com o Poder Judiciário, Ministério Público e outros órgãos e ações do Executivo.

Os serviços de média complexidade oferecem atenção às famílias e indivíduos com seus direitos violados, mas cujos vínculos familiar e comunitário não foram rompidos. Nesse sentido, requerem maior estruturação técnico-operacional, atenção especializada e mais individualizada, e/ou de acompanhamento sistemático e monitorado, como: MSE-MA (PSC e LA). A proteção especial de média complexidade envolve também o CREAS, visando à orientação e ao convívio sociofamiliar e comunitário.

Os procedimentos explicitados pelo SINASE (2006/2012) e aqueles que constam das normativas do SUAS (como no Caderno de Orientações Técnicas: Serviço de Medidas Socioeducativas em Meio Aberto de 2016) não estão apaziguados a pleno em suas interpelações sociojurídicas, socioeducativas, de proteção social e convivência familiar e comunitária. Também não estão apaziguados os procedimentos com a Segurança Pública.

A partir da incorporação, no SUAS, do *Serviço de Proteção Social a Adolescentes em Cumprimento de Medida Socioeducativa de Liberdade Assistida (LA) e de Prestação de Serviços à Comunidade (PSC),* instala-se uma nova responsabilidade institucional, que nunca os municípios haviam vivenciado, nem contavam com cultura institucional e especialização de funcionários para tal execução. Engano comete quem considera, de modo superficial, que essa mudança nada mais é do que uma nova moradia — de aluguel, ou solidária — para dar curso a um procedimento jurídico que já está disciplinado há décadas.

O padrão de atenção ao adolescente apresenta-se de forma bastante fragmentada, entre as unidades federativas, e essa ausência de unidade revela-se para além dos modos de aplicação da MSE-MA antes expostos. Considerando que o adolescente a quem é atribuído o ato infracional fica submetido à avaliação desde o momento de sua apreensão pelo Sistema de Polícia Civil ou Militar (ou Segurança Pública), e só após, ao Sistema de Justiça, tem-se aqui um intervalo de tempo que, por vezes, se alonga por múltiplos meses e é pouco evidenciado ou relatado.

Raramente, pelo que se pode conhecer no estudo de campo, a dimensão socioeducativa percorre esses estágios preliminares até chegar aos olhos e operação do Judiciário (juiz), do Ministério Público, da Defensoria Pública. Pode-se inferir que dificilmente as ocorrências desse período precedente à aplicação da medida chegam aos operadores sociais. Como também será difícil que esse período precedente contenha a análise de elementos da realidade com que conta o adolescente e sua família, a partir do lugar onde estão assentados. Pode-se concluir que, para os adolescentes sob MSE-MA, ocorre um conjunto de ações alongadas, entre órgãos, tempo, culturas institucionais, que certamente influem no processo de aplicação da MSE-MA.

O exame do deslocamento da responsabilidade pela MSE-MA para o SUAS requer exame aprofundado, até mesmo partindo da indagação: *Por que esse serviço foi conduzido à execução pelo SUAS?*

Questões sucedem-se sobre a relação possível, no campo ético-social, entre uma política de seguridade social e seu envolvimento com o campo punitivo, ao envolver, na aplicação da MSE-MA, uma sanção judicializada, que não incorpora claramente elementos protetivos do adolescente. Essa relação, quase antípoda, talvez esteja provocando um deslocamento das responsabilidades do SUAS em sua responsabilidade protetiva.

Não está apaziguado, ainda, o entendimento das proteções integral e social do adolescente entre os operadores no SUAS, na Polícia e na Justiça, no decurso de uma MSE-MA, e isso ocorre desde a apreensão do adolescente até o final do cumprimento da medida socioeducativa e o socioprotetivo.

Considera-se que o adolescente na condição de um ser em desenvolvimento, a quem é atribuído um ato infracional, vivencia uma situação de risco, não raro de violência, mas sempre de desproteção social. Embora a atenção ao adolescente nessa condição parta de uma decisão sociojurídica, já que é pela determinação de aplicação de medida socioeducativa que o adolescente adentra, por decisão judicial, no campo de responsabilidade da política de assistência social. A ação de naturezas socioeducativa e protetiva cabe, a partir de então, ao trabalhador da assistência social, que vai operar a promoção e o fortalecimento das convivências familiar e comunitária, e a inserção do adolescente, a partir das condições reais, no meio em que vive e com quem conta.

Outra dimensão que institucionalmente se manifesta é a de que a assistência social, ao se constituir como política social, tem responsabilidade pelo conhecimento da demanda de suas atenções e suas características. Isto é, uma política social não pode se desfazer na particularidade de atenções individuais, como se viesse a cuidar tão só de singularidades. Ela requer a produção de conhecimentos sobre a realidade da demanda a atender, bem como avaliar procedimentos aplicados e seus resultados.

Para tanto, o serviço de MSE-MA necessita ser muito mais do que um lugar para onde um representante, que não é do Executivo, mas sim do Judiciário, encaminha alguém e determina, hierarquicamente, o que deverá ser feito, independentemente das condições objetivas da vida desse adolescente; da oferta de condições do lugar, determinando o teor do trabalho social como se fosse detentor de seus conhecimentos específicos.

Trabalhadores do SUAS indicam que, nas ações com o adolescente e sua família, são compulsoriamente levados a se subordinar ao Judiciário, que determina intrusivamente ações que deveriam praticar direcionadas ao adolescente. Essa situação subordina a competência específica do profissional que atua na proteção social distributiva, capacitado a atender expressões de fragilidades do ciclo de vida humana e social, sobretudo nas faixas etárias da infância, adolescência e velhice.

Cabe, ao trabalhador social, satisfazer o juiz, que tem posição e imposição em lhe ordenar ações que o desapropriam de sua condição profissional e da responsabilidade da política de assistência social pertencente ao campo da proteção social e/ou da seguridade social brasileira.

A relação concreta entre trabalhadores de um serviço de proteção social especial com adolescentes em risco, e desproteção social, a quem é atribuída a autoria de ato infracional, deve ter centralidade, pois é na operação factual que o reconhecimento dos direitos do adolescente se consagram.

O exame dos Serviços de MSE-MA, a partir de sua expressão concreta, exige o resgate do contexto de municipalização da aplicação das MSE-MA, para 5.570 municípios brasileiros, que, por óbvio, têm diferenças entre si e no interior deles mesmos. Portanto, uma responsabilidade que é recortada pela ação e decisão de múltiplos agentes públicos, que vão imprimir diferenciações nesses serviços, desde a efetiva compreensão que constroem das regras do Sinase, do SUAS e do Sistema de Justiça e de Polícia.

O que se pode perceber, por vários dados resgatados, é que não se tem plena clareza das diferenças no processo de gestão da proteção social ao adolescente, entre os municípios brasileiros e, mesmo, entre os diversos bairros ou distritos em uma metrópole.

Essas considerações evidenciam a ocorrência de uma situação paradoxal, para o trabalhador social, que, ao atuar no Poder Executivo, em um serviço de proteção socioassistencial do SUAS, é responsável pela proteção social especial do adolescente, a quem é atribuída a autoria de ato infracional pelo Sistema de Justiça.

Esse profissional recebe o comando e o controle de suas ações para com o adolescente e sua família, pelo Poder Judiciário, a quem deve prestar contas de suas ações. Essa forma de relação o transforma em agente subalterno, que não só perde sua autonomia profissional, como deve abrir mão de sua responsabilidade profissional, para operar a defesa da proteção social integral da criança e do adolescente.

É importante referenciar essas considerações em relação ao conteúdo do Movimento pela Proteção Integral de Crianças e Adolescente que sublinha a filiação do ECA ao paradigma da proteção que se firma na garantia das convivências familiar e comunitária.

> [...] O ECA é resultante de lutas de movimentos sociais conexos e contemporâneos ao mesmo processo histórico de redemocratização do Brasil do qual emergiu a Constituição Federal de 1988, e também do mesmo desejo civilizatório que, no contexto global, conduziu à elaboração da Convenção sobre os Direitos da Criança de 1989. É como documento matriz de um novo paradigma de proteção nascido de um projeto de sociedade garantidora de direitos individuais e sociais que o ECA se apresentou como referência para transformações positivas para crianças, adolescentes, famílias e sociedade geral no Brasil. Trata-se, portanto, de conquista histórica que implica, para sua implementação, em investimento e vigilância constante.

É no ECA que habita a sistemática de garantia à convivência familiar e comunitária como direito fundamental e constitucional, sob princípios reconhecedores da família como lócus privilegiado do afeto e do desenvolvimento humano (Nota do Movimento pela Proteção Integral de Crianças e Adolescentes; trecho de Nota Pública datada de 30 de novembro de 2017).

A dimensão e apresentação da proteção social integral aos adolescentes não está suficientemente exigida nas regulações da aplicação de MSE-MA. No senso comum, há um quase consenso de que a aplicação de uma MSE-MA conteria em si mesma um alívio à penalização privativa de liberdade e, por isso, já seria, em si, protetiva. Por consequência, a passagem dessa atenção ao adolescente para um serviço socioassistencial específico, de proteção social especial de média complexidade, não é concebido a partir de sua finalidade precípua, advinda da natureza de seguridade social da política, de desenvolver proteção social.

A migração da aplicação da MSE-MA, institucionalizada como um serviço socioassistencial (portanto, não restrita, ou restritiva, ao formato de execução de uma sentença judicial), significaria superar a aplicação da orientação punitiva de uma sentença e seria, por si mesma, a garantia de introdução protetiva na medida? Essa questão abre um novo campo de inquietação, que diz respeito ao modo de gestão da aplicação da MSE-MA no interior do SUAS. Seria o serviço socioassistencial de MSE-MA desprovido da orientação protetiva e reprodutor do conservadorismo marcado pelo moralismo punitivo do adolescente e que opera por corretivos?

A incorporação da responsabilidade pelas situações de risco social em uma política social pública, setorial, do campo da seguridade social, trouxe nova realidade na organização estatal. Lugar de política pública é na responsabilidade do estado de direito, é ele que reconhece o cidadão e consolida seus direitos sociais.

Permanecem resquícios da visão assistencialista, dentre gestores e operadores da atenção à criança e ao adolescente. Até mesmo o texto do ECA revela, em algumas passagens, certo traço desse ranço histórico. Por exemplo, ao considerar que a política de assistência social é de atendimento e não de provisão de direitos. O capítulo 3 adiante permitirá ao leitor identificar tais presenças.

Sob esse olhar prescritivo, não seria propriamente uma política pública que precisa analisar demandas, investir em conhecimentos e avaliar suas respostas e a durabilidade de suas coberturas, em face do embate com a realidade. Alguns agentes ainda delimitam sua ação ao circunstancial, portanto, com uma ação que se adapta à característica do momento conjuntural, impedindo que levem em conta a supressão da gravidade do imediato. Isso pode levá-los a reproduzir ações orientadas pela ação socorrista, eventual e emergencial.

Considerar a assistência social como política de atendimento traduz, por essa expressão pouco clara em sua finalidade, um dado trato reducionista e imediatista de enxergá-la. Seria então uma ação auxiliar na ocorrência de agravamentos ou da presença de agravantes? Ao extremo, seriam seus operadores chamados a selecionar os piores, dentre as piores situações, para eleger a centralidade de seu trabalho. A atenção do adolescente em MSE-MA pelo SUAS supera a visão de atendimento pela prestação de atenções e cuidados que ultrapassa, em muito, o providencialismo aligeirado do atendimento.

Ao abordar a política de assistência social na aplicação da MSE-MA, é preciso superar o entendimento de que se trata de um providencialismo institucional, que estabelece uns lócus de atendimento na gestão municipal do SUAS destinado a alguns adolescentes, previamente selecionados pela justiça quanto aos modos de seu atendimento.

A MSE-MA e o SUAS: uma relação de atendimento ou de direito universal à proteção social

O ingresso do adolescente no âmbito do SUAS se dá, primeiro, por estar em formação e desenvolvimento, e vivenciando, no curso do ciclo etário da vida humana, o período de seis anos em que muitas mudanças ocorrem nos desenvolvimentos biológico, social, afetivo, relacional, entre outros; em segundo, para a proteção social, coloca-se a condição atual do adolescente, em estar vivenciando a situação em que lhe é atribuída a autoria de ato infracional, o que lhe impõe fragilidade e desproteção social e o expõe à busca de apoio, defesa e condições de superação em face das desproteções sociais reveladas e que devem receber cuidados especiais.

A inserção desse adolescente em situação agravada de desproteção social na responsabilidade de atenção pelo SUAS indica que sua entrada no Serviço de MSE-MA deve se dar pelos princípios e objetivos da política de proteção social, o que o afasta por completo de qualquer ilação de que ali está para efetivar um dispositivo judicial.

A compreensão de que o serviço de MSE-MA está inserido em um sistema de proteção social exige o resgate de possíveis traços da cultura institucional de coerção que marcou as instituições totais, como Fundação Nacional do Bem-Estar do Menor (FUNABEM) e as expressões estaduais da Fundação Estadual para o Bem-Estar do Menor (FEBEM). O adolescente, ao ser incorporado como usuário de um serviço do SUAS, pela natureza da própria proteção social, tem que ser tomado como um sujeito cuja proteção social se constitui pela segurança de acessos e por vínculos e relações de pertencimentos. A natureza da proteção social é poder contar com.

A pesquisa realizada em duas realidades metropolitanas, conforme apresentado na introdução, em cidades que contam com mais de uma década na aplicação de MSE-MA, permitiu a distinção entre leituras da aplicação em si, isto é, como uma forma de tratamento/atendimento do adolescente, ao qual se atribui a autoria de ato infracional, para a concepção da atenção ao adolescente como parte da política de proteção social de responsabilidade pública estatal, campo da seguridade social garantida pela CF 88 e sua particularidade na assistência social.

Essa distinção foi fundamental e implicou o reposicionamento quanto ao entendimento das demandas dos adolescentes para contribuir no âmbito do SUAS com seu desenvolvimento e sua proteção social. O SUAS como sistema protetivo não tem por propósito, ou responsabilidade, dar cumprimento a dispositivos judiciais, mas, sim, desencadear proteção social sob novas referências e perspectivas face às desproteções sociais vivenciadas pelo adolescente e sua família. A ação do SUAS deve resultar no avanço da condição protetiva do adolescente a quem se atribui a autoria de ato infracional.

Capítulo 3
Medidas Socioeducativas em Meio Aberto, judicialização e garantia de direitos

Judicialização: desafios na conceituação

Após a promulgação da Constituição de 1988, a sociedade brasileira passou a reconhecer e positivar uma ampla gama de direitos até então negados a seus cidadãos e cidadãs. E, como uma das formas de garantia de sua efetivação, reservou ao Poder Judiciário um papel influente na vida republicana. Nesse contexto, atualmente se constata que a sociedade tem buscado, no Judiciário, respostas e solução para problemas em cada vez mais âmbitos da vida cotidiana. Configura-se, assim, uma tendência a tornar grande parte dos processos de acesso e garantia a direitos excessivamente legalistas e remetidos a autoridades diversas, que, sobre eles, deverão se pronunciar e decidir, através de procedimentos adstritos à burocracia estatal, embora não exclusivamente no âmbito da prestação jurisdicional. A insuficiência do Estado na implementação de políticas públicas, que atuem na origem dos conflitos e na oferta de acesso universal a outras formas para sua resolução e seu agenciamento, em muito tem contribuído para o processo de judicialização das relações sociais (Oliveira, 2014).

O maior acesso da população pobre ao Poder Judiciário — garantido pela Constituição de 1988 — representa a ampliação de direitos. No entanto, a burocratização e o não investimento em processos de autogestão dos conflitos, inerentes às relações humanas, reduz a possibilidade de os sujeitos sociais gerirem de forma mais direta suas próprias vidas. Esse fato se dá por inúmeros motivos, com destaque para o fato de a existência de direitos positivados não ter resultado em que os mesmos sejam eficazmente acessados por todas e todos.

Dessa forma, o direito positivado acaba sendo acessado de forma "radical", isto é, não há necessariamente a busca por formas alternativas de resolução de conflito, e então o Poder Judiciário acaba se tornando a primeira instância a ser recorrida. (Maciel e Koerner, 2002)

Ocorre, nesse sentido, o que pode ser denominado de judicialização das relações sociais: "uma invasão do direito, como campo de saber e de práticas, na organização da vida social contemporânea, incidindo sobre a regulação da esfera pública, da sociabilidade e das políticas sociais" (Oliveira, 2014, p. 9). Muito embora se trate de uma terminologia relativamente recente, ela já é discutida pelas diferentes ciências e campos, tendo recebido significados distintos.

O senso comum pode nos conduzir a compreendê-la como o simples recurso à convencional atuação do Poder Judiciário, isto é, "a abertura de um processo", tal como popularmente nomeado.

Mansur (2016) entende que a Constituição Federal Brasileira de 1988 abre margem para a atuação do Poder Judiciário em um amplo campo de conflitos sociais, uma vez que tal instrumento aborda temas de cunho social de forma expansiva e abrangente, como saúde, educação, moradia, direitos políticos, meio ambiente, assistência ao idoso, família, entre outros. E, devido ao fato de os Poderes Executivo e Legislativo não produzirem as respostas necessárias às questões de ordem política, social e moral que se apresentam em decorrência de conflitos decorrentes das relações sociais, o Poder Judiciário vem atuando cada vez mais como instância reguladora deles.

Já Medeiros (2016) entende que a judicialização caracteriza-se pela atuação do Poder Judiciário em questões políticas ou sociais de grande repercussão, de modo que os poderes responsáveis por resolver tais questões, o Executivo e o Legislativo, que são os verdadeiros encarregados por tais ações, não os fazem (independentemente do motivo).

A Judicialização, portanto, significa que *algumas questões de grande repercussão política ou social estão sendo resolvidas pelo Poder Judiciário,* e não pelas instâncias políticas tradicionais, como Congresso Nacional e Poder Executivo. Assim, a Judicialização, no contexto brasileiro, é um fato, uma circunstância que decorre do modelo constitucional que se adotou, e não um exercício deliberado de vontade política (Medeiros, 2016, não paginado. Grifo nosso).

Muitas pessoas encontraram mais segurança no Judiciário para a garantia de seus direitos e começaram a acioná-lo como recurso legítimo. De um modo geral e informal, o Poder Judiciário é visto como guardião e eficaz detentor da Lei, e grande parte da sociedade só consegue ver os direitos previstos em lei garantidos e acessados por essa instância. Por isso, a demanda vem aumentando no decorrer dos anos.

No Brasil, buscou-se inserir no direito mecanismos que garantissem a sua efetivação, de modo que o governo pudesse ser julgado pela violação ou omissão, todas as vezes que assumisse posição contrária às cláusulas constitucionais. O movimento pelo acesso à justiça, diferentemente do que acontecia em outros países — que buscavam alternativas de acesso aos tribunais — expressava a preocupação com a garantia da efetivação dos direitos coletivos e difusos. (Sierra, 2011, p. 258)

Vianna *et al.* (1999) buscam caracterizar a judicialização da política e das relações sociais, mais especificamente abordando a correlação de força entre os poderes políticos e o Poder Judiciário, onde este último, em muitos casos, acaba interferindo e definindo regras que, estrito senso, competem às demais instâncias. Nesse sentido, muitos autores veem a judicialização como distorção de funções, maneira pela qual o Poder Judiciário interfere e age demasiadamente no meio social, não se limitando ao seu campo de atuação específico.

Tal fato desdobra um amplo campo de debate acerca da forma pela qual as questões relativas aos conflitos e à proteção social são interpretadas e tratadas, já que o tema remete à ideia de formas equivocadas e/ou inversas da atuação legal.

No âmbito do que se designa judicialização das relações sociais, as discussões estão mais centradas em como os conflitos próprios à interação social vêm sendo interpretados à luz do direito, como campo especializado de conhecimento e de práticas. Quando levado ao extremo, tal raciocínio resulta em buscar prioritariamente uma autoridade constituída — em especial o Poder Judiciário — para resolução dos referidos conflitos, com os sujeitos sociais abdicando frequentemente de seu direito de autogoverno. Assim que

[...] torna-se importante discutir e conhecer este processo, bem como fomentar práticas alternativas de garantia de direitos e resolução de conflitos, compreendidas como formas de incentivo a que indivíduos, famílias e segmentos sociais diversos possam retomar a gestão de suas vidas, sem necessariamente recorrer a terceiros para decretar decisões exteriores e especializadas acerca de conflitos próprios às relações sociais. (Oliveira, 2014, p. 9)

Maciel e Koerner (2002) apresentam distintas intepretações para a judicialização. Entre outras, alguns a definem como a apreciação judicial de determinado tema ou como a ampliação da atuação do sistema judicial e do número de processos nos tribunais. No repertório das ciências sociais, a judicialização representa formas de expansão do Poder Judiciário no processo de decisão das democracias contemporâneas para resolução de conflitos e demandas.

Uma das concepções apresentadas por Maciel e Koerner (2002) retrata o alargamento do acesso das demandas sociais à justiça, principalmente as de natureza coletiva, a partir da responsabilização do Ministério Público nesse sentido. Esse movimento, no entanto, consistiria em uma visão tutelar da sociedade, que demanda um poder apolítico para exercer sua cidadania. A intervenção sobre os conflitos sociais e políticos se daria, portanto, a partir de um viés paternalista e autoritário. Contudo, cabe destacar que restringir o debate acerca da judicialização ao campo do Ministério Público não contribui para o aprofundamento da questão e não a elucida, em razão da divergência de atuações dos seus membros e de dados empíricos insuficientes para a discussão.

No entendimento de Santos e Rifiotis (2006), é preciso estar atento ao fato de que as normativas legais, a partir da Constituição, impõem a responsabilidade do cuidado sobre a família, como no caso dos idosos, crianças e adolescentes. Esse conjunto de dispositivos que intervêm socialmente e são regulados juridicamente objetivam o disciplinamento e regulamentação das obrigações e deveres sociais. Eles alteram as relações sociais, inclusive as de cunho cotidiano, sendo entendidos como processos de judicialização, facilmente recaindo em expressões de familismo e encolhimento da responsabilidade do Estado com a segurança e a proteção social.

A judicialização pode também engendrar situações da criação de uma divisão que coloca de um lado uma vítima e do outro um réu, em uma dinâmica desprovida de um debate conciliador, a qual não leva em consideração o processo que envolve um conjunto complexo de valores e práticas, podendo conduzir a uma interpretação criminalizadora e estigmatizante dos fatos e dos sujeitos. Essa interpretação promove obstáculos que impedem a compreensão dos conflitos interpessoais e as formas de como neles intervir.

Diante desse contexto, a atuação dos profissionais envolvidos no atendimento a situações que envolvem conflitos assume importância ímpar, tendo em vista que seu discurso detém o poder de redefinir e afetar profundamente as vidas das partes interessadas (Maciel e Koerner, 2002). É precisamente o que se pode muitas vezes constatar no manejo técnico de situações em que se atribui autoria de ato infracional a adolescentes.

Assim, nas práticas judicializantes, como bem expressa Zarias (2005), é possível que convicções pessoais direcionem as intervenções, relegando ao segundo plano o disposto em códigos legais e julgando de acordo com critérios subjetivos diversos. As instituições, ao operarem através de seus representantes, podem não se limitar às suas esferas estritas de atuação, e isso não ocorre somente no âmbito judicial, como também entre os operadores de políticas públicas, entre os quais aqueles responsáveis pelo acompanhamento de adolescentes no cumprimento de medidas socioeducativas em meio aberto.

A administração de adolescentes por diversas esferas da vida cotidiana é compreendida por Vianna (2002) como um exercício de dominação, tendo em vista a naturalização da infância ou adolescência como fases que demandam uma gerência especial por parte da sociedade, entendida como uma forma de ordenar as relações sociais. Há uma preocupação em como gerir essas populações — tidas como potencialmente perigosas, ameaçadoras — e isso é feito a partir de uma assimetria de poder entre eles e seus responsáveis ou profissionais que avaliam tal relação. Muitas vezes, como já discutido no primeiro capítulo, o objetivo principal é a contenção do risco social, almejando minimizar tensões e conflitos, em detrimento da garantia de direitos de adolescentes envolvidos e em flagrante dissonância quanto ao marco jurídico-legal brasileiro.

As instituições — como o Poder Judiciário e a política de assistência social — têm um papel central nesse processo. A condução e resolução do conflito ficam sob o jugo de profissionais, que podem, portanto, agir a partir de uma dimensão moralizadora e conciliadora, suavizando ou supervalorizando determinados elementos que o configuram e o compõem.

> As pessoas têm à disposição diferentes sistemas classificatórios independentemente da instituição a que pertencem. Isso significa que médicos, juízes, advogados etc., podem circular por diferentes lógicas institucionais, não necessariamente aquelas dentro das quais foram treinados (Zarias, 2005, p. 247).

São brechas que podem conduzir a inversões e sobreposições de papéis. Desvela-se um jogo de forças onde se percebe que o controle é um objetivo almejado. Vianna (2002), ao discutir gestão de crianças através do processo de guarda, desvela uma dimensão tutelar intrínseca às instituições como o juizado e as unidades domésticas, afirmando que tal poder tutelar supõe uma espécie de controle de grupos potencialmente perigosos, como é o caso das representações hegemônicas acerca de adolescentes autores de ato infracional. A tutela de crianças e adolescentes teria nesse sentido o objetivo de impedir situações de impasse nas quais a gestão de jovens possa romper a ordem estabelecida, levando-nos mais uma vez à discussão da judicialização. O que pode se tornar especialmente verdadeiro no caso de adolescentes, cujo cotidiano se passa em territórios significados como potencialmente produtores de riscos, como as periferias desprovidas de acesso a condições minimamente adequadas de vida.

Quanto ao adolescente a quem se atribui autoria de ato infracional, cujos direitos são sistematicamente violados, Vianna (2002) afirma que comumente está sob a responsabilidade dos profissionais e de seus instrumentais soberanos diagnosticar e conduzir a decisão legal sobre seu futuro. O foco, nesse aspecto, não é o adolescente, mas sim as relações nas quais ele está inserido ou onde deveria estar, isto é, se ele deve ser controlado ou não.

> O esforço em compor soluções, costurar rupturas e diminuir conflitos atende à necessidade de manter tais menores em unidades que continuem a responder por eles, a exercer sobre eles o controle cotidiano necessário à sua transição para indivíduos plenamente responsáveis do ponto de vista legal (Vianna, 2002, p. 299).

Nesse sentido, um dos desafios que se colocam consiste em implementar políticas públicas preventivas, atuantes na origem dos conflitos e "na oferta de serviços que universalizem o acesso a outros mecanismos de resolução de conflito ou seu agenciamento" (Santos e Rifiotis, 2006, p. 109).

Tratar do tema "judicialização" requer ainda estudos e pesquisas que discutam as diversas dimensões desse conceito e suas possíveis consequências, em especial por se tratar de um processo que causa impactos tanto na estrutura interna das instituições judiciais quanto na vida cotidiana da sociedade, sujeita a tensões das quais emergem conflitos, os quais precisam ser enfrentados de alguma forma.

> Fica, pois, a impressão de que quanto mais contextualizado o foco analítico, menos consistente e vantajoso parece ser o recurso ao conceito de judicialização para identificar a dinâmica da expansão das fronteiras do sistema judicial e seus efeitos institucionais" (Maciel e Koerner, 2002, p. 129).

Intervenções com adolescentes a quem se atribui autoria de ato infracional

No contexto específico da compreensão e das práticas referidas ao cometimento de ato infracional por adolescentes, o processo de judicialização expressa-se de maneira peculiar. Após a promulgação do Estatuto da Criança e do Adolescente, o discurso oficial brasileiro adquire outros contornos. A partir da proposição da aplicação de medidas socioeducativas (MSE), cuja denominação pretende se afastar de um viés marcado por um afã punitivo e retributivo, pauta-se numa proposta socioeducativa de responsabilização, compreendendo os adolescentes, agentes de tais atos, como sujeitos de direitos em etapa especial de seu processo de desenvolvimento.

Em que pese o relativo avanço representado pelo novo ordenamento legal, a aplicação das medidas socioeducativas prosseguiu por bastante tempo atrelada a concepções judicializantes, a partir de práticas coordenadas por órgãos vinculados ao próprio Poder Judiciário ou a secretarias de justiça e afins.

Com o advento do Sistema Nacional de Atendimento Socioeducativo (SINASE), regulamentado através da Lei n. 12.594/2012, há a proposição de que as medidas socioeducativas passem a ter seu cumprimento coordenado por instâncias ligadas quer às secretarias de educação, quer às de assistência social, em conformidade com seu caráter socioeducativo. Tal transição se operou oficialmente nas duas metrópoles, Rio de Janeiro e São Paulo, em que foi desenvolvida a pesquisa "Juventude e cumprimento de medidas socioeducativas em meio aberto: entre a garantia de direitos e a judicialização", com o processo de cumprimento das medidas socioeducativas não mais estando sob o encargo de secretarias de justiça ou da administração penitenciária.

No entanto, permanecem tensões oriundas dos desafios de conciliar matrizes de pensamento e trajetórias institucionais tão distintas, como as fundantes do Poder Judiciário e aquelas atinentes às políticas de educação ou assistência social.

Quanto a isso, há que se considerar a coexistência de dois tempos. Há, por um lado, o tempo do Poder Judiciário — instância responsável pela aplicação da medida socioeducativa —, que se pauta na gravidade do ato que é determinante para a escolha da medida a ser aplicada e do seu prazo de cumprimento. É importante refletir que, no estabelecimento do referido prazo, em parte a instituição judiciária parece também estabelecer o tempo socioeducativo e exprimir sua expectativa acerca de seu resultado, uma vez que a duração da intervenção da equipe do CREAS (no caso do Rio de Janeiro) ou da Organização da Sociedade Civil (em São Paulo, onde as MSE-MA são operacionalizadas pelos convênios com OSCs), junto a cada adolescente em princípio, ocorrerá enquanto durar o prazo judicial correspondente. Tal como discutido no capítulo 2, a precedência das determinações judiciais — sobretudo no que se refere à prescrição da recorrente tríade matrícula escolar/educação, profissionalização/trabalho e ressocialização — parece estabelecer uma relação de subordinação da atuação dos operadores da política de assistência social à lógica judicial. Tal quadro se agrava mediante a constatação de que a reificação de tal tríade, como necessariamente condizente às necessidades de todos os adolescentes em cumprimento de MSE-MA, parece não mais se sustentar tão fortemente em dados empíricos sobre o perfil dos usuários do serviço. Isso se mostra especialmente verdadeiro no que se refere ao nível atual de escolarização de adolescentes a quem se atribui autoria de ato infracional, o que muito provavelmente se deve ao correspondente avanço na universalização do acesso à educação obtido nas últimas duas décadas no Brasil. Esse dado vem ao encontro de nossa argumentação acerca de que a efetivação dos direitos preconizados no ordenamento jurídico-legal brasileiro resultaria na diminuição do papel do cumprimento de MSE-MA como espécie de "passaporte" para obtenção de tais garantias de cidadania.

Ressocialização é um termo recorrente na fundamentação da prescrição da referida tríade quando da determinação da MSE e do encaminhamento aos responsáveis por operacionalizar seu cumprimento. Registramos nossa discordância quanto à terminologia empregada, à medida que não consideramos que esses e essas adolescentes (e suas famílias) tenham em algum momento estado fora das regras de sociabilidade. Ou seja, sempre estiveram socializados: à margem, perifericamente, como cidadãs e cidadãos "de segunda categoria". Donde se torna importante deixar claro que o emprego de tal termo (ressocialização) não é introduzido ou sustentado por operadores de políticas públicas, senão por um interlocutor (o Poder Judiciário) que — em consonância ao processo sócio-histórico que lhe conferiu enorme precedência na determinação dos caminhos a serem seguidos — pretende, com muito mais frequência do que seria adequado em uma relação de parceria, estabelecer em que termos se devem travar as relações e o debate.

Por outro lado, há o tempo do processo socioeducativo que, sob gestão do SUAS/SINASE, deve se expressar pela processualidade da avaliação da história de vida do adolescente e de sua família, das condições objetivas e subjetivas de vida em que estão inseridos e do esforço pela promoção de serviços e programas referenciados nas diversas políticas públicas setoriais, visando primeiramente aprofundar e radicalizar a condição de sujeito de direitos de cada adolescente sob seu atendimento.

Essa necessidade de articulação entre os objetivos tanto do Poder Judiciário — considerando seu viés fortemente retributivo — como da Política de Assistência Social — partindo de seu princípio de promoção de direitos —, ao mesmo tempo que é condição indispensável para que se leve a cabo o cumprimento das referidas medidas socioeducativas, torna contraditória e complexa sua execução.

Não obstante os esforços profissionais dos componentes da gestão da política de assistência social, a limitação de seus recursos destacou-se como um dado relevante para a análise da execução das medidas socioeducativas em meio aberto, pois as condições estruturais dos serviços influenciam negativamente a execução da atenção aos adolescentes e às famílias. Tal limitação se reflete também nos recursos humanos em virtude da insuficiência de profissionais, agravando ainda a questão dos prazos judiciais, via de regra, destacados como urgentes.

No que se refere ao cotidiano de trabalho, a questão dos prazos judiciais coloca-se em relevo: a relação entre a execução do atendimento aos adolescentes e suas famílias e o cumprimento dos prazos judiciais estabelecidos pelo Poder Judiciário coexistem de maneira tensa (Adorno e Pasinato, 2007). A exigência de envio do Plano Individual de Atendimento (PIA) — a ser elaborado com o adolescente, seu responsável e a equipe de referência — ao Poder Judiciário em até 15 dias constitui um dos elementos de tensão mais recorrentemente mencionados por profissionais alocados nos serviços, conforme dados de nossa pesquisa.

Donde se torna fundamental discutir os aspectos da implementação do serviço de atendimento aos adolescentes a partir da relação dialética entre os órgãos do Poder Judiciário e do Sistema Único de Assistência Social (SUAS). Problematizar a proposta socioeducativa a um tempo embasada em uma ótica judicializante — de estrito cumprimento de uma medida judicial —, mas que, em princípio, visa à garantia de direitos dos adolescentes e suas famílias. É importante destacar que a perspectiva judicializante não é praticada somente nos órgãos vinculados ao próprio Poder Judiciário ou secretarias de justiça e afins. Tal matriz de representação de adolescentes a quem se atribui autoria de ato infracional como perigosos e de suas famílias como inadequadas em seu cuidado e supervisão também se faz presente em outros aparatos estatais, como parte constitutiva do capital cultural brasileiro construído sobre esses segmentos sociais, como discutido no capítulo 1.

Adolescentes em cumprimento de MSE-MA no Rio de Janeiro e em São Paulo

Ao se dimensionar a população adolescente, utilizando dados do Censo 2010 (IBGE), constata-se que a diferença numérica entre as duas metrópoles é de quase o dobro. A cidade de São Paulo concentra 5% dos adolescentes do país e o Rio de Janeiro, 2,7%. Na cidade do Rio de Janeiro residem 36% dos adolescentes de todo o estado, concentração mais intensa que no estado de São Paulo, onde a capital responde por 25% da população nessa faixa etária. A incidência de adolescentes do sexo feminino tem pequena distância entre as cidades de São Paulo e Rio de Janeiro, correspondendo, respectivamente, a 49,8% e 49,3%.

No que se refere à atribuição de autoria de ato infracional e respectiva aplicação de medidas socioeducativas, em 2016, a cidade de São Paulo registrou 8.346 adolescentes em MSE-MA ou 11% dos adolescentes do país nesse tipo de medida. No Rio de Janeiro, os 1.646 adolescentes em igual situação correspondem a 2% da incidência nacional, conforme se pode visualizar na Tabela 5.

Tabela 5. Distribuição da incidência de tipos de MSE-MA no Brasil, Rio de Janeiro e São Paulo, 2016.

Território	Tipo de medida					
	L.A	%	PSC	%	TOTAL	%
Brasil	39.053	50	38. 791	50	77.844	100
São Paulo	5.826	70	2.520	30	8.346	11
Rio de Janeiro	1.100	67	546	33	1.646	2

Fonte: CNJ (2017). Cadastro Nacional de Adolescentes em Conflito com a lei.
Relatório de Guias Expedidas por Tribunais de Justiça Estadual.

Observa-se que a proporção de adolescentes em ambas as medidas (LA e PSC) nas cidades do Rio de Janeiro e São Paulo é bastante próxima, o que pode vir a indicar características próprias de centros de alta urbanização no país. Isso pode significar que venha ocorrendo maior agravamento na aplicação das medidas pelo Juiz ou mesmo pela natureza das ocorrências.

As duas metrópoles, em comparação com a incidência nacional, tendem a agravar significativamente a aplicação de incidência de LA face à PSC, com aplicação da medida de internação, na qual há severas restrições quanto ao exercício do direito à liberdade.

Essa aproximação territorial quanto à incidência das medidas socioeducativas no território nacional, e nas duas grandes metrópoles brasileiras, reforça a argumentação que vimos sustentando quanto à necessidade de se impor o exame territorial das medidas socioeducativas para que se possa analisar, com a merecida atenção e as devidas consequências, os traços destas ocorrências em todos os estados e municípios brasileiros. Tal contextualização quanto a especificidades consiste em importante dado a ser considerado no planejamento de políticas voltadas a adolescentes a quem se atribui autoria de ato infracional, bem como à população dessa faixa etária em geral — sobretudo quanto às influências das condições concretas de vida e acesso a direitos na incidência do cometimento de atos infracionais.

Na cidade de São Paulo, do total de adolescentes a que foram aplicadas MSE-MA, em 2016, 5.826 (70%) cumpriam LA e 2.520 (30%) PSC. No Rio de Janeiro, do total de adolescentes em MSE-MA no mesmo ano, 1.100 (67%) cumpriam LA e 546 (33%) PSC.

Observa-se que, no que se refere às medidas socioeducativas em meio aberto, a incidência entre as duas metrópoles é percentualmente similar.

As duas cidades — Rio de Janeiro e São Paulo — agregam no país a maior quantidade das/os adolescentes a quem é atribuída a autoria de ato infracional, o que já auxilia a vislumbrar a relevância dos resultados obtidos na pesquisa.

Vale registrar que, no município do Rio de Janeiro, as MSE-MA têm seu cumprimento acompanhado diretamente pelas equipes dos 14 CREAS distribuídos pelas diversas regiões da cidade. Embora a distribuição não se dê de maneira equânime entre as diversas unidades de referência da política de assistência social, em se considerando a atenção a 1.646 adolescentes em MSE-MA e às suas famílias, no ano de 2016, resulta na média de 118 adolescentes por CREAS.

A municipalização da MSE-MA na cidade de São Paulo tem algumas particularidades, que atualmente resultam em adoção da modalidade de gestão por convênio dos seus 61 serviços de proteção social especial de MSE-MA, com capacidade para 6.000 adolescentes/mês ou 12.000/ano, referenciando-os a 30 Centros de Referência Especializados de Assistência Social (CREAS). A distribuição dos 8.346 adolescentes em MSE-MA, em 2016, revela a média de 139 por serviço.

Não se trata aqui de processar a análise comparativa entre um e outro modelo de gestão e seus resultados, senão de ressaltar a constatação de que o modo de gestão das medidas socioeducativas é diversificado entre as cidades brasileiras.

Para além das formas de gestão interna do acompanhamento de adolescentes em cumprimento de MSE-MA, os diversos níveis de operação da política de assistência social têm ainda de considerar os processos de interação com o Sistema de Justiça, responsável pela aplicação daquelas medidas.

Nesse aspecto particular, em que pese a existência de aproximações e complementaridades entre Poder Judiciário, Política de Assistência Social e Sistema Único de Assistência Social (SUAS), vale reiterar que em nossa pesquisa foi possível identificar a coexistência de "dois tempos" inscritos no cumprimento das medidas socioeducativas: o tempo do Poder Judiciário — instância responsável pela aplicação da medida socioeducativa, que, via de regra, pauta-se na gravidade do ato que é determinante para sentenciar a medida a ser aplicada e seu prazo de cumprimento —, e o tempo da política pública e dos processos subjetivos e objetivos vivenciados pelos adolescentes e por suas famílias.

Outro ponto que merece destaque nos aspectos levantados pela pesquisa de campo refere-se ao diálogo frágil entre os trabalhadores que executam o sistema socioeducativo no Estado do Rio de Janeiro. Como exemplo, podemos citar os adolescentes que passaram por medidas privativas e restritivas de liberdade, executadas pelo Departamento Geral de Ações Socioeducativas (Novo-Degase). A informação desse atendimento se perde, não sendo repassada em um fluxo formal e objetivo aos profissionais que executam as medidas socioeducativas em meio aberto. Os adolescentes chegam com o encaminhamento para cumprimento da MSE realizado pelo Comissariado da Infância sem, no entanto, cópia da assentada ou da sentença anexada. Tais encaminhamentos não fornecem informações sobre o devido processo legal ou não destacam informações além das medidas a serem cumpridas. Esse fato, que pode ser entendido com certo teor positivo evitando rotulações pejorativas e estigmatizantes, também indica uma ruptura na comunicação entre as instâncias de atendimento e relativa perda de informações quanto ao cumprimento das medidas socioeducativas, do momento presente e da vida pregressa do adolescente.

Decorre que, sem acesso à sentença judicial e às informações sobre o cumprimento de medidas socioeducativas anteriores, os profissionais que executam as medidas socioeducativas em meio aberto iniciam atendimento aos adolescentes e suas famílias sem informações que adiantariam no conhecimento do histórico e no processo de vinculação, demandando mais tempo que, por vezes, não atende ao "tempo lógico-formal" demandado pelos procedimentos judiciais.

As equipes de atendimento, em ambas as metrópoles, trabalham para estabelecer uma relação com os adolescentes visando ao futuro, ao contrário da valorização dos motivos que os levaram até ali. Como se a relação entre a unidade de serviço/profissional de referência e o adolescente em cumprimento de medida fosse inaugurada com a sua chegada para o acompanhamento e o porvir a ser construído, em lugar de um olhar que privilegie a atribuição de autoria de ato infracional como central em sua identidade e processo de desenvolvimento. E, de fato, alguns profissionais do Rio de Janeiro afirmaram que constroem a relação com o adolescente a partir da sua chegada ao serviço, não desejando conhecer o ato infracional cometido. Podemos interpretar esse dado como uma dificuldade para a sistematização de informações de trajetória a qual revela também uma iniciativa protetiva que resguarda o sigilo e fortalece a relação com o adolescente.

O número e a especialidade dos trabalhadores dos 61 serviços de MSE-MA da cidade de São Paulo são estabelecidos em proporcionalidade às vagas de cada serviço e constituem um dos elementos de custeio mensal da organização conveniada. Em média, cada serviço custa R$ 550,13, mensais por adolescente, incluindo despesas com locação de imóveis quando necessário. Nos 30 CREAS que supervisionam esses serviços, há um número de 80 técnicos, entre supervisores e coordenadores. Com maioria de trabalhadores na MSE-MA de alguma forma identificada com uma perspectiva dos adolescentes e suas famílias como cidadãos, as equipes de São Paulo apontam formas de trabalho que discorrem desde a organização geoespacial — distribuição dos casos por região territorial, configurando um técnico de referência por território. E a organização administrativa — elencando profissionais e funções específicas, dias da semana e horário de atendimentos —, até questões de caráter metodológico, implementando debates políticos e participativos ao adolescente e sua família, ampliando o caráter reivindicatório coletivo da proposta de atenção.

No Rio de Janeiro, foi possível contabilizar que, em 64% dos prontuários, o ato infracional pode ser identificado. São situações análogas ao tráfico de drogas, porte de armas e roubos, como também situações cotidianas como brigas em família ou na entrada do colégio, denotando conflitos que, se não estivessem tangenciados com a classe social, talvez não tivessem chegado às unidades de serviço da assistência e às estruturas do sistema judicial.

Observamos ainda que a burocracia e a quantidade de formulários e documentos (alguns com perguntas sobrepostas) que precisam estar em dia impactam diretamente na forma de registrar o acompanhamento e as situações relatadas nos prontuários, ocasionando um registro mais básico e pontual em detrimento de uma forma mais analítica. De todo modo, a elaboração dos instrumentais, sua confecção e revisão são alheias aos técnicos que executam o atendimento que, diante do volume de questionários, absortos nas atribuições cotidianas, podem não identificar o sentido imediato para sequência do atendimento, percebendo o processo como uma demanda ainda maior de trabalho. Paralelamente ao fazer profissional, a partir de informações obtidas nas oficinas e seminários realizados com operadores da política de assistência social, constata-se que o conteúdo do registro nos prontuários está aquém do real nível de proximidade e vinculação que muitos adolescentes e profissionais desenvolvem. No Rio de Janeiro, foi em conversas com a equipe de pesquisa que histórias pessoais detalhadas e nuances do relacionamento com suas respectivas famílias puderam vir à baila.

Em 90% dos 320 prontuários pesquisados em São Paulo, o PIA estava presente, o que se assemelha aos resultados obtidos no Rio de Janeiro. Um elemento de diferenciação nos procedimentos nas duas cidades consiste no fato de em São Paulo não se adotar o Prontuário SUAS nem o CADÚnico nos serviços socioassistenciais.

No Rio de Janeiro, adolescentes de 12-14 anos correspondem a apenas 5% das MSE-MA; entre 15-17 anos, a 69% e com 18 anos ou mais, a 26%. Quanto à faixa etária, a distribuição em São Paulo se apresenta de forma bastante próxima, onde adolescentes de 15 a 17 anos significam 65% da amostra, os de 18 ou mais anos são 26%, e os de 12 a 14 anos são 9%.

Em se tratando do sexo, a pesquisa buscou equilibrar prontuários divididos tanto quanto possível entre masculino e feminino, porém o percentual de meninas em cumprimento de MSE alcançou tão somente 10% nos 14 CREAS do município do Rio de Janeiro e, em São Paulo, apenas 7%.

Quanto à escolaridade, do total de prontuários acessados, 60% dos adolescentes encontram-se no ensino fundamental e 40%, no ensino médio. Também em São Paulo o grau de escolaridade dos adolescentes é expressivo e a evasão começa a ocorrer na terceira etapa do Ensino Fundamental, intensificando-se no Ensino Médio. Esse fato materializa, no âmbito de ambos municípios, um indicador nacional que destaca a relação entre evasão escolar e o envolvimento com situações sentenciadas como ato infracional. Por outro lado, permite indagar quão procedente se mostra o estabelecimento de relação estreita entre maior número de anos de escolarização formal e redução da probabilidade de autoria de atos infracionais.

No município de São Paulo, o levantamento de dados realizado identificou que 3.949 dos adolescentes concluíram a MSE-MA em 2016, dos quais 20,3% foram medidas iniciais de PSC e 58,4% medidas de LA — portanto, somando 78,7% em medida inicial —, 19,8% em medida cumulada e 1,3% em progressão de medida. Os adolescentes em medida inicial de PSC correspondem a 26% do total.

Entre as particularidades do município do Rio de Janeiro, é importante ressaltar o número de medidas socioeducativas aplicadas aos adolescentes de forma cumulada (Liberdade Assistida + Prestação de Serviços à Comunidade). Constatamos que somente 1% dos prontuários analisados referia-se à aplicação da medida de prestação de serviços à comunidade de forma única. Já 38% atestavam a liberdade assistida como medida socioeducativa aplicada e, por fim, em 61% dos casos, haviam sido aplicadas conjuntamente LA+PSC. Esse dado enseja a reflexão sobre uma possível e subjacente lógica dual e punitiva, que parte do princípio de que uma única medida não seria suficiente para a produção das mudanças necessárias na vida do adolescente a quem se atribui a autoria de ato infracional. Dual porque o mesmo Estado que cumpre as formalidades e legalidades processuais se coloca aquém da sua capacidade (que também é sua obrigação) de proteger, prevenir e garantir direitos, contribuindo para o processo de marginalização dos adolescentes (Garcia e Pereira, 2014). Sabemos que a produção social da criminalização está diretamente relacionada com a posição social do adolescente, contrastando a lei e a realização do direito. Ou seja, a prática legal, muitas vezes agravada pela mentalidade brasileira construída sobre o adolescente em conflito com a lei e alimentada pela mídia, termina por fomentar e retroalimentar discursos sobre a periculosidade desse grupo. (Andi, 2013)

A pesquisa no Rio de Janeiro nos permitiu concluir que é alto o número de extinção da MSE por motivo de seu descumprimento. Observamos que poucos foram os casos considerados exitosos, no sentido de o adolescente em atendimento cumprir todo o período designado para a MSE e aderir aos encaminhamentos propostos relativos à educação, documentação e profissionalização. Essa proporção de maior número de evasões *versus* extinção da medida por cumprimento foi confirmada nos 14 CREAS onde a pesquisa aconteceu. Embora os instrumentais refiram uma relação entre cumprimento e descumprimento, poucas são as análises sobre o motivo do não cumprimento do que foi judicialmente estabelecido, aludindo à possível naturalização dos motivos que levaram a tal desfecho.

Ainda assim, não raro, muitos são os destaques positivos em relação aos esforços realizados pelos profissionais e equipes, no atendimento em grupo e/ou coletivo aos adolescentes. Se tal procedimento encontra barreiras para acontecer em determinados territórios em razão da rivalidade das facções que destacam a forma de organização do tráfico de drogas na cidade do Rio de Janeiro — e que em alguma medida é incorporado pelos adolescentes no mosaico das sociabilidades —, é possível conferir também a existência de importantes estratégias em direção oposta. São estratégias que investem na superação desse processo e revelam uma condução de atendimento que oferece espaços coletivos de reflexão para adolescentes e suas famílias. Conforme ponderam os profissionais dos CREAS é "... imprescindível avaliar situações que poderiam ser trabalhadas e encaminhadas de forma menos criminalizante e punitiva".

Durante a pesquisa de campo e consulta aos profissionais responsáveis pelo serviço da MSE-MA, ressaltaram como proposta de reflexão com os adolescentes e jovens, já no atendimento inicial, a desconstrução da ideia (frequente para muitos usuários e suas famílias) de comparecer ao CREAS apenas para a assinatura de um "papel que o juiz mandou". Em 86% dos prontuários examinados, foi possível verificar os atendimentos iniciais realizados com os adolescentes e seus familiares/responsáveis, que estão presentes em 79% dos casos, e que incluem encontros individuais com maior frequência nessa fase do acompanhamento.

Os atendimentos iniciais representam um marco para a problematização da condição de sujeitos de direitos e deveres, de propiciar a reflexão acerca da responsabilização em distinção à lógica punitiva e de fazer um contato com as condições de vida e os interesses dos adolescentes. Ainda que não esteja aprofundado no PIA, há um campo nesse formulário que nos parece funcionar como impulso ao diálogo. Trata-se do plano de vida, com perguntas de cunho subjetivo, sonhos, aspirações, objetivos, que se encontram exploradas mais amiúde no prontuário do adolescente. Além das histórias e condições de vida dos usuários e suas famílias, é notória a articulação com a rede socioassistencial na busca de serviços que atendam às demandas apresentadas pela população. Nesse sentido, registramos o quantitativo dos serviços acessados tanto pelos adolescentes — em que 62% foram atendidos também em outros serviços da assistência social ou de outras políticas setoriais — quanto por suas famílias (48%), para além do estrito cumprimento da MSE-MA.

O principal serviço citado como acessado pelas famílias dos adolescentes em atendimento é o Programa Bolsa Família. Ainda que, em alguns casos, as famílias já estejam incluídas no programa antes do encaminhamento do adolescente para cumprimento de MSE-MA, elas se aproximam do CRAS, são encaminhadas para a participação de grupos informativos e outros serviços. Destaque também para o Serviço de Proteção e Atendimento Especializado a Famílias e Indivíduos (PAEFI), dada a diversidade de situações de vulnerabilidade, ameaça e violação de direitos em que parte dos usuários se encontra.

Em São Paulo, os Serviços de MSE-MA estão localizados nos 96 distritos mais afastados do centro, cerca de uma hora e meia em transporte público, que, em 90% das situações, é o ônibus, em 16%, o metrô e em 10%, o trem. Os serviços estão instalados em ruas pavimentadas, com infraestrutura urbana e com iluminação, de fácil acesso por transporte público e/ou carro. Foi possível constatar que, em 74% dos serviços, a equipe técnica conhece os adolescentes e jovens, mantendo articulação com a rede de serviços pública ou privada, como escolas, Unidades Básicas de Saúde (UBSs), CREAS e rede de serviços conveniada com a SMADS. É observado que outros serviços — como esporte, lazer e cultura — não foram identificados como utilizados pelos adolescentes e jovens, o que pode sinalizar a falta dos serviços no território, ou ainda a falta de articulação com eles.

Para além do cumprimento de metas e exigências administrativas — que certamente respondem a um objetivo importante — faz-se necessário salientar que o tempo da assistência produz resultados outros na vida dos sujeitos, por vezes menos valorizados no âmbito das informações quantitativas. A leitura dos prontuários e as entrevistas com os profissionais eventualmente fazem brotar histórias de vida com relatos detalhados, que denotam claramente o imenso investimento e engajamento profissionais, construídos ao longo de acompanhamentos sistemáticos, visando demandas específicas que extrapolam a ordem material e objetiva dos sujeitos atendidos. São questões caras imbricadas com relacionamentos interpessoais e restritas a sua individualidade que, uma vez trabalhadas, produzem subjetividades para além do cumprimento da medida socioeducativa em si. Nesse sentido, podemos afirmar que o destaque à importância do contexto familiar ainda aparece de forma tímida nos registros em prontuários, assim como a fala dos sujeitos referenciados como responsáveis.

De todo modo, não é possível nem coerente depositar tão somente nos esforços dos profissionais as possibilidades de (in)sucesso do acompanhamento. Alguns programas que figuravam como aqueles de maior recorrência nos encaminhamentos efetuados pelas equipes do Rio de Janeiro sofreram as consequências do processo de sucateamento das políticas públicas, tendo um deles encerrado suas atividades em virtude da falta de repasse de verbas pelo governo do estado, impondo limites que fogem totalmente ao âmbito de gestão das unidades de referência e da própria política setorial de assistência social.

Ainda pensando na indagação sobre quem são os adolescentes em cumprimento da MSE, faz-se necessário identificá-los também na tessitura e composição do contexto social, político e econômico da sociedade brasileira e, de forma particular, conforme amplamente discutido no capítulo 2. Esse contexto tem implicado em um movimento radical de regressão de direitos, que vem provocando o encolhimento dos sistemas protetivos e das ações vinculadas à política pública de assistência social (Boschetti, 2017). Como alvo desse processo está um contingente populacional que vivencia situações de desemprego e desproteção, que encontra nas atividades tipificadas como ilícitas do tráfico de drogas, do roubo e do furto a "segurança de renda", sendo essa, muitas vezes, a única vinculação laborativa possível e viável para as condições que vivenciam.

A despeito das condições adversas e da precariedade dos serviços oferecidos, como assinalamos, há evidências de que adolescentes "sentenciados" com LA e PSC atendidos em programas de acompanhamento na década de 2000 não voltaram a reincidir (Passamani e Rosa, 2009).

> As concepções presentes nas falas dos profissionais refletiram uma diversidade de possibilidades de ser adolescente nos aspectos físico, emocional, psicológico e social. Percebem que a adolescência é um processo complexo em que muitas dimensões devem ser consideradas, e demonstram que a fase da adolescência pode ser um período de crises e conflitos, mas também de possibilidades de mudanças e de questionamentos fundamentais para o desenvolvimento da sociedade. (Passamani e Rosa, 2009, p. 340)

Entre os aspectos positivos para a não reincidência estavam o apoio familiar, as medidas socioeducativas pautadas em uma proposta pedagógica, a presença de um orientador no suporte ao adolescente e à sua família e de uma equipe profissional que, além de comprometida com a causa do adolescente, estava em constante capacitação. São profissionais que veem nos adolescentes em conflito com a lei um adolescente como todos os demais.

Donde a enorme relevância da dimensão ético-política na orientação das práticas levadas a cabo no cotidiano de oferecimento do serviço, para além das matrizes teórico-metodológicas que o fundamentam, buscam alinhar formação conceitual sólida à capacidade humana de respeito às diferenças e valorização da alteridade como condições para efetiva garantia de direitos.

Ao lidar com os dados produzidos na pesquisa de campo e nas diversas formas de contato e diálogo com operadoras/es da política de assistência social — em especial aquelas/es mais diretamente envolvidos na operacionalização do Serviço de Proteção Social a Adolescentes em Cumprimento de Medida Socioeducativa de Liberdade Assistida (LA) e de Prestação de Serviço à Comunidade (PSC) —, uma das primeiras constatações consistiu na inexistência de oposição binária entre judicialização e garantia de direitos, ao menos nos termos em que as definimos operacionalmente na pesquisa: cumprimento estrito de determinações judiciais no processo de acompanhamento da MSE-MA no âmbito da política de assistência social.

Apesar de se ratificar as diferenças de concepção de tempo entre o Sistema de Justiça e a Política de Assistência Social do Sistema Único de Assistência Social (SUAS) — com importantes consequências nas práticas cotidianas postas em curso em cada uma dessas instâncias do Sistema de Garantia de Direitos de Crianças e Adolescentes —, a análise dos dados, percursos e percalços havidos no processo de cumprimento das MSE-MA foi nos conduzindo à compreensão de que importantes avanços ocorreram tanto na comunicação recíproca como na progressiva aproximação dos princípios preconizados no SINASE. Merecem destaque a abordagem de adolescentes a quem se atribui autoria de ato infracional em uma perspectiva que não se reduz a essa dimensão como definidora daqueles sujeitos, o reconhecimento de sua participação e de suas famílias nos processos de planejamento da execução da medida socioeducativa e a ampliação de acesso a serviços e programas que visam à garantia do exercício da cidadania.

O reconhecimento de tais movimentos de mudança em direção ao paradigma da proteção integral não exclui, de nenhuma maneira, a admissão do quanto ainda há a percorrer, tanto em sua apropriação e consequente materialização cotidiana por todos os segmentos sociais envolvidos — desde a apreensão da/o adolescente até a extinção da MSE — como na horizontalização das relações entre Poder Judiciário e operadores da política de assistência e na qualificação das condições de trabalho nas unidades de referência.

A partir da análise dos prontuários dos adolescentes em cumprimento de MSE-MA no Rio de Janeiro, consideramos que a presença de uma cópia da sentença ou da assentada com as medidas aplicadas e outras determinações e/ou providências direcionadas a eles, seria um ponto de partida importante para conhecer os caminhos e possibilidades designados aos sujeitos em conflito com a lei. Não somente em um sentido único, binário ou estanque, como também — caso houvesse — as tensões, ambivalências e tendências à primazia da judicialização, ou à garantia de direitos, ora acessada e talvez possibilitada, contraditoriamente, por meio de uma determinação judicial. Porém, em 96% dos casos por nós estudados, tanto no PIA, como nos registros ao longo do prontuário, não constavam a descrição de outras determinações realizadas pelo juiz.

No que se refere à garantia de direitos, constatamos que os/as adolescentes e suas famílias, encaminhados aos CREAS ou às OSC sem princípio somente para cumprimento de uma MSE em meio aberto, terminam por acessar um rol de políticas públicas, ainda que por vezes precarizadas. Tal acesso não deve ser minimizado também como importante indício de mudança de perspectiva em direção ao paradigma de proteção integral, que deve fundar as intervenções junto a adolescentes a quem se atribui autoria de ato infracional. No entanto, igualmente, não se pode perder de vista que, se previamente contemplados os direitos sociais previstos na legislação, o cumprimento de MSE não atuaria como disparador de acesso a eles.

Um dos pontos apreendidos na pesquisa refere-se ao peso significativo que os profissionais na linha de frente de ação em ambas metrópoles têm no atendimento aos adolescentes e seus familiares. Vimos que são processos subjetivos de estabelecimento de relações de confiança, que podem fazer toda a diferença não apenas no atendimento, mas em suas vidas no presente e no futuro, de que um importante indício consiste na efetiva elaboração conjunta dos PIAs. Vimos também que vários fatores podem dificultar esses processos, incluindo a precarização das condições de trabalho dos profissionais e demandas burocráticas em excesso, que podem levar à predominância de um processo judicializante, não beneficiando o adolescente em atendimento.

Longe de responder a toda a complexidade das questões levantadas, a análise da experiência de implementação do Serviço de Proteção Social a Adolescentes em Cumprimento de Medida Socioeducativa de Liberdade Assistida (LA) e de Prestação de Serviço à Comunidade (PSC) no âmbito da Proteção Social Especial de Média Complexidade nos municípios do Rio de Janeiro e de São Paulo no ano de 2016 nos permite reafirmar a importância de perspectivas interdisciplinares, intersetoriais e interseccionais na compreensão dos processos sociais e jurídicos implicados na atribuição de autoria de ato infracional a adolescentes.

Conclusão

A elaboração da análise apresentada ao longo deste livro se dá sob a vigência do Estatuto da Criança e do Adolescente, do Sistema Único de Assistência Social e do Sistema Nacional de Atendimento Socioeducativo, dentre outros instrumentos jurídicos que caracterizam um pacto social de garantia e proteção de direitos de todos os adolescentes brasileiros.

Tal proposição se fundamenta na compreensão da adolescência como uma etapa especial do desenvolvimento humano, na qual os sujeitos que a vivenciam necessitam de suporte, apoio e orientação para que dela usufruam da maneira mais ampla e completa. E, dessa maneira, retirem desse processo o adequado aprendizado e o mais diversificado possível acúmulo de experiências que lhes deem condições de exercer sua cidadania tanto na consecução de sua realização pessoal como na dimensão de sua responsabilidade coletiva e social.

No entanto, e conforme discutido ao longo da obra, os acentuados níveis de desigualdade que caracterizam a sociedade brasileira terminam por impedir significativa parcela de adolescentes o acesso a um sem-número de direitos fundamentais e indispensáveis à plena vivência dessa etapa do ciclo vital e, como consequência, à real possibilidade de escolha de que caminhos trilhar. O que resulta em adolescências brasileiras, não no sentido construtivo da diferença e da pluralidade, senão no da desigualdade de oportunidades.

Sendo certo que todo ciclo do desenvolvimento humano experimenta períodos críticos, sendo esses momentos plenos de obstáculos e potencialidades, faz-se necessário prever meios e estratégias adequadas à sua superação. E o ordenamento jurídico brasileiro, pós Constituição Federal de 1988, buscou equalizar o tratamento a ser dispensado a todos os adolescentes quando a crise se manifesta pelo envolvimento em atos análogos a crime ou à contravenção penal, elencando uma série de medidas cabíveis (,) a serem tomadas pelas autoridades constituídas. A tais agentes públicos caberá a incumbência — e o correspondente poder — de tomar a decisão acerca de como conduzir o processo, mediante a melhor interpretação possível do contexto e da situação que se lhes apresentam.

Neste livro, ao adotarmos a designação adolescentes a quem se atribui autoria de ato infracional, visamos precisamente acentuar o papel fundamental exercido por tais agentes públicos na definição dos rumos que tomará o processo. Assim o fazendo, desejamos demarcar um posicionamento ético, político e teórico, em consonância à histórica seletividade que preside as decisões tomadas no âmbito dos processos de responsabilização e dos mecanismos de repressão do Estado brasileiro.

Os adolescentes e as adolescentes que cumprem medidas socioeducativas em meio aberto nos Serviços de Proteção Social a Adolescentes em Cumprimento de Medida Socioeducativa de Liberdade Assistida (LA) e de Prestação de Serviço à Comunidade (PSC) seguem sendo, majoritariamente, oriundos de áreas periféricas, onde há reduzido acesso a bens e serviços socialmente produzidos. Em outras palavras, trata-se de sujeitos cujos direitos básicos de cidadania — que deveriam, por força de lei, ser priorizados — não foram garantidos pelo Estado, a despeito do que dispõe o ordenamento jurídico brasileiro.

Conforme abordado no primeiro capítulo, a determinado segmento de adolescentes brasileiros segue sendo atribuído o estigma de perigosos, em contraposição àqueles considerados em perigo e para cuja proteção não se deve medir esforços. Atos análogos a crimes ou contravenções, porventura cometidos por esses últimos, podem ser analisados como rebeldia típica de uma fase especial do desenvolvimento humano e equacionados mediante entrega aos pais ou responsáveis, considerados capazes, habilitados e em condições de conduzir adequadamente seu processo educativo.

Dessa maneira, operadores da Política de Segurança Pública — corporificada na atuação das polícias militar e civil — e o Sistema de Justiça constituem os agentes estatais responsáveis pela supramencionada e seletiva atribuição de autoria de ato infracional. Aqui, o Estado se faz plenamente presente no estrito cumprimento da lei. O mesmo Estado que se mostra muito ausente na garantia dos direitos preconizados no ordenamento jurídico brasileiro, em que crianças e adolescentes possuem o status formal de prioridade absoluta.

Esse constitui o cerne da discussão que travamos ao longo de todo o livro: em que pese toda a reformulação operada no ordenamento jurídico brasileiro — entendido como discurso da sociedade brasileira acerca do que ela deseja ser em relação à cidadania de adolescentes, sobretudo de camadas populares —, inclusive com o deslocamento do cumprimento de medidas socioeducativas do âmbito da segurança pública para o das políticas de educação (internação e semiliberdade) e assistência social (LA e PSC), seguimos em grande parte reatualizando práticas históricas de seletividade "penal". Ainda que cientes de que o processo sócio-histórico é caracterizado por mudanças e permanências, impõe-se a necessidade de indagar os motivos pelos quais as condições objetivas de vida — singularidades de contextos e relações — de significativa parcela de adolescentes brasileiros seguem sendo pouco relevantes ou quase totalmente desconsideradas no processo de atribuição de autoria de ato infracional, de determinação da medida socioeducativa e de seu cumprimento.

E, ainda dentro da mesma lógica, os dados da pesquisa ratificam a informação de que se trata de reduzido número de adolescentes a quem se atribui autoria de ato infracional que se encontram nos primeiros anos da adolescência (5% no Rio de Janeiro e 9% em São Paulo). Esse dado, somado ao fato de que os atos infracionais de grande gravidade (como crimes contra a vida) não representam nem 1% do total de tais crimes cometidos no país, reitera a inexistência de fundamento empírico das propostas de redução da idade de imputabilidade penal, recorrentemente retomadas no âmbito do Poder Legislativo brasileiro com significativo apoio de veículos midiáticos.

Em relação à sistematização de dados acerca dessa população específica, consistiria em grande contribuição a organização de uma plataforma de dados com acesso mais aberto, no âmbito do SINASE, que fornecesse informes quantiqualitativos sobre a incidência das MSE-MA nas cidades brasileiras, bem como os resultados obtidos em seu processo de implementação, de modo a possibilitar medidas de superação de agravos de situação.

Nesse movimento pendular entre judicialização e garantia de direitos, à guisa de conclusão, gostaríamos de destacar alguns elementos que nos parecem centrais.

O reduzido conhecimento sobre o impacto do processo de municipalização na gestão do cumprimento das MSE-MA, que ocorreu mais intensamente a partir de 2005. Esse processo ainda não foi submetido a análises que permitam uma compreensão ampliada de suas implicações, em uma perspectiva de totalidade. Os planos decenais das cidades brasileiras podem vir a ser uma base significativa para essa análise.

Nossa experiência de pesquisa possibilitou verificar que, entre as duas metrópoles analisadas, os procedimentos adotados tanto no Sistema de Justiça como no da gestão do SUAS apresentam distinções que podem concorrer para intensificar ou amenizar quer processos de judicialização quer de defesa de direitos do adolescente e de sua família.

Outro ponto a destacar é a discrepância de entendimento gerada pela distância de tempo entre a promulgação do ECA (1990) e a implementação do SUAS (após 2005). Algumas proposições expressas no ECA quanto à responsabilidade da política de assistência social permanecem discrepantes ao disposto na regulação dessa política setorial. Embora já reorientada pela Constituição Federal de 1988, ela só foi de fato reestruturada pela Política Nacional de Assistência Social (PNAS) em 2004, seguida pela institucionalização do Sistema Único de Assistência Social (SUAS) em 2005, e pela Tipificação dos Serviços Socioassistenciais (2009). O Sistema de Justiça, através dos mecanismos e das instâncias constantes do ECA, parece não ter ainda incorporado o fato de que o SUAS é um sistema de operação do Poder Executivo — e, dessa maneira, autônomo em relação ao Poder Judiciário —, com a função de afiançar algumas proteções sociais, dentre elas as relacionais, de convívio e de acolhida.

Em nossa pesquisa, tal descompasso, por vezes decorrente de desconhecimento de integrantes do Sistema de Justiça sobre o Sistema Único de Assistência Social (SUAS), se materializa em tensões diversas, recorrentemente experimentadas por trabalhadores dessa política como desconsideração de sua expertise e de sua autonomia profissional qualificada. Assim, como parte do processo contínuo de reordenamento institucional e de práticas, urge se estabelecer relação de horizontalidade entre os operadores envolvidos na aplicação de MSE-MA, sobretudo entre o Judiciário e o trabalho dos técnicos responsáveis por sua efetiva implementação, hoje fortemente caracterizado como certa intrusão do Judiciário na ação do Executivo, no que se refere à sua competência e responsabilidade na condução do serviço de Proteção Social a Adolescentes em MSE-MA.

A isso ainda se deve acrescer a expressiva diferença existente entre o tempo do Poder Judiciário (referido ao prazo de cumprimento da MSE-MA) e o tempo necessário ao Serviço de Proteção Social a Adolescentes em Cumprimento de Medida Socioeducativa, do SUAS, no processo de vinculação ao adolescente, à sua família e às condições do lugar onde vive, visando à garantia e à ampliação de seus direitos.

O lugar ocupado pelo Sistema Único de Assistência Social (SUAS) — a partir da instalação de Centros de Referência Especializados de Assistência Social (CREAS) em todo o país e da alocação do Serviço de Proteção Social a Adolescentes em Cumprimento de Medida Socioeducativa no âmbito da proteção social especial de média complexidade, no SUAS — torna inadequado tratá-la como "igual" no campo da relação intersetorial (praticamente inexistente) com as demais políticas sociais, no que se refere ao cumprimento das MSE-MA. Conforme demonstram os dados que apresentamos, o serviço ofertado no âmbito da política de assistência social representa a atenção a 80% dos adolescentes a quem é atribuída autoria de ato infracional no Brasil. Donde a necessidade de desenvolver protocolos que acionem territorialmente a completude entre o serviço de MSE-MA e demais atenções setoriais, o que importa em que o primeiro seja provido de efetivos procedimentos, acessos e condições para desencadear a qualificação de ofertas e das condições dos lugares onde vivem os adolescentes.

Há excessiva concentração da dimensão decisória no Poder Judiciário, conforme já enunciado, aliada à inexistência de referência única para todos os municípios brasileiros quanto ao PIA e de obrigatoriedade de registro da vinculação ao SUAS, quer do adolescente quer de sua família. Essa ausência de vínculo explícito e ampliado ao SUAS reduz os direitos de proteção social que deveriam ser assegurados. Há que se produzir alterações na gestão da MSE-MA, de modo a assegurar, como procedimento regular, que o adolescente e sua família tenham sua incorporação no prontuário SUAS e no CADÚnico, de forma a ter plena inserção no CRAS, no CREAS, no PAIF e no PAEFI, na vigência ou após extinção da MSE-MA. E muitos dos processos de mudança necessários à sustentação de um projeto de vida gestado durante a vigência da medida socioeducativa poderiam ser potencializados pelo acompanhamento familiar em um dos serviços da assistência social.

A tríade recorrentemente utilizada por juízes para orientar o cumprimento da MSE-MA (educação, trabalho e ressocialização) mostra-se tendente a ampliar a desproteção do adolescente. Isso porque, ao supor um padrão de intervenção junto a todos, não incorpora as condições objetivas de vida do adolescente e sua família, bem como os acessos e oportunidades com que conta (ou não) em seu território e cotidiano, à medida que a mobilidade urbana se constitui um empecilho, sobretudo em metrópoles, tanto pelo custo como pela segregação.

Outro desafio que se interpõe à efetividade da MSE-MA como propulsora de garantia de direitos consiste no conflito entre a direção de proteção social intrínseca ao SUAS e o caráter punitivo que se incorpora à decisão judicial, tanto mais quando se leva em conta que, ao técnico da MSE-MA, cabe prestar conta do cumprimento de uma sentença proferida por um juiz. Nesse contexto, o trabalhador do Serviço de Proteção Social a Adolescentes em MSE-MA, do SUAS, pode terminar por se configurar como um tutor da ação punitiva mais que da proteção social. Essa tensão se apresenta desde a formulação do PIA, cuja exigência de apresentação em curto prazo tem gerado conflitos entre os operadores da assistência social e do Poder Judiciário. Como se analisou no capítulo 3, a realidade mostra dois tempos, o do Judiciário e o da Execução da Medida, que diferem mais pela verticalidade entre dois poderes estatais que pela convergência de propósitos.

Para além dessa dimensão intersetorial, a pesquisa constatou que esse tempo é insuficiente para o estabelecimento de vínculo de confiança entre a equipe do serviço e o adolescente e sua família, resultando em impedimento de o PIA ampliar sua abrangência às diferentes fases do acompanhamento e mesmo projetar a perspectiva de atenção após extinção da MSE-MA. Também devido a tal descompasso de tempos entre as duas instituições, por vezes tais registros não se encontram sequer nos relatórios técnicos contidos nos prontuários, os quais constituem condição para extinção da medida. Em contrapartida, a pesquisa também evidencia o quanto a análise desses mesmos prontuários pode se mostrar fonte ímpar para reconhecimento, nos dados, de expressões de desproteção social na trajetória de atenção ao(à) adolescente e à sua família.

A intervenção da equipe do Serviço de Proteção Social a Adolescentes em MSE-MA, do SUAS, também pode ser atravessada por fatos que antecedem, até mesmo, a aplicação da MSE-MA no âmbito do Poder Judiciário. A diversidade de trato do adolescente desde a apreensão pela polícia com frequência leva a várias expressões de desproteção social que se agravam em decorrência da ausência de delegacias especializadas em cidades brasileiras, que geralmente só são instaladas a partir de um dado porte populacional e da incidência de adolescentes a quem se atribui autoria de ato infracional. Donde a indicação de que ao menos as metrópoles brasileiras sejam providas com delegacia especializada, potencializando que ocorra a proteção integral empreendida em favor do/a adolescente a quem se atribui algum ato infracional. Esse é um aspecto no qual a atuação do Ministério Público, na qualidade de fiscalizador do cumprimento da lei, adquire grande relevância.

Importante relembrar como os processos em cada metrópole — Rio de Janeiro e São Paulo — conheceram caminhos e vicissitudes distintos. As respostas aos desafios societários possuem uma construção histórica, cultural, política e social que não pode ser descartada. Afinal, os direitos sociais e humanos são conquistados à força e com as forças que se mobilizam em cada realidade. Mais uma lição reiterada por nossa pesquisa.

Como se pode constatar, desafios diversos surgem quando se pretende mudar. Avanços normativos são consolidados, sem que a isso corresponda inequivocamente o tão desejado reordenamento institucional e de práticas. Entretanto, o movimento prossegue, sempre tributário do processo sócio-histórico e dos acúmulos possíveis. Portanto há motivos para esperança! O que anima os autores a pesquisar e conhecer mais para, dessa forma, prosseguir dando a contribuição da academia ao processo civilizatório que buscamos construir e sedimentar, a cada dia mais plural, justo e inclusivo.

Referências

ADORNO, Sérgio; PASINATO, Wânia. A justiça no tempo, o tempo da justiça. *Tempo Social.* São Paulo: Universidade de São Paulo, *Revista de Sociologia da USP,* v. 12, n. 2, 2007.

ALBUQUERQUE, Maria C.; BOTELHO, Dayana, A.; OLIVEIRA, Adriano P. B. A municipalização das medidas socioeducativas em meio aberto em São Paulo (SP) e Pouso Alegre (MG). In: *Revista Brasileira Adolescência e Conflitualidade,* 2013(9): 25-47.

ALTOÉ, Sônia. *Infâncias perdidas*: o cotidiano nos internatos-prisão. Rio de Janeiro: Xenon, 1990.

ANDI — Agência de Notícias sobre a Infância. *A Mídia Brasileira e a Responsabilização dos Adolescentes em Conflito com a Lei.* Disponível em: http://andi.org.br/publicacao/midia-brasileira-e-regras-de-responsabilizacao-dos-adolescentes-em-conflito-com-lei-parte. Acesso em: 23 out. 2017.

ARAÚJO, Vania C. A impermeabilidade das "políticas" destinadas às crianças: por uma necessária ressemantização do direito. Porto Alegre: PUC-RS. *Revista Educação,* v. 40, n. 3, p. 405-412, set-dez. 2017.

ASSIS, Simone G. *Traçando caminhos em uma sociedade violenta*: a vida de jovens infratores e seus irmãos não infratores. Rio de Janeiro: Editora FIOCRUZ, 1999.

BICALHO, Pedro, P. G.; LEMOS, Flavia S. A circunscrição histórica das políticas de enfrentamento à infração juvenil: o caso do Rio de Janeiro. In: ZAMORA, Maria H.; OLIVEIRA, Maria C. (Orgs.). *Adolescência, socioeducação e direitos humanos.* Curitiba: Appris Ed., p. 69-82, 2017.

BOSCHETTI, Ivanete. *Assistência social e trabalho no capitalismo.* São Paulo: Cortez Editora, 2017.

BRASIL. Presidência da República. *Constituição da República Federativa do Brasil,* promulgada em 5 de outubro de 1988. Brasília, DF, 1988.

_____. Presidência da República. *Estatuto da Criança e do Adolescente,* Lei Federal n. 8.069/90, de 13 de julho de 1990, dispõe sobre a proteção integral à criança e ao adolescente. Brasília, DF, 1990.

_____. Presidência da República. *Política Nacional de Assistência Social,* Brasília, Ministério do Desenvolvimento Social e Combate à Fome/Conselho Nacional de Assistência Social. Brasília, DF, 2004.

_____. Tribunal de Contas da União. *Avaliação do TCU sobre o Programa Reinserção Social do Adolescente em Conflito com a lei.* Brasília: TCU, Secretaria de Fiscalização e Avaliação de Programas de Governo, 2005.

BRASIL. Secretaria Especial dos Direitos Humanos (SDH)/Conselho Nacional dos Direitos da Criança e do Adolescente (CONANDA). *Sistema Nacional de Atendimento Socioeducativo* — SINASE. Brasília: Presidência da República. 1. ed., 2006.

_____. *PL n. 1.627/2007. Anteprojeto de lei.* Institui o SINASE — Sistema Nacional de Atendimento Socioeducativo. Disponível em: http://www.andi.org.br/legislacao/projeto-de-lei-sinase. Acesso em: 14 set. 2018.

_____. Ministério do Desenvolvimento Social e Combate à Fome (CNAS- MDS/SNAS). *Resolução n. 109, de 11 de novembro de 2009. Tipificação Nacional de Serviços Socioassistenciais.* Brasília: MDS, 2009.

_____. Presidência da República. *Lei n. 12.594, de 18 de janeiro de 2012.* Institui o Sistema Nacional de Atendimento Socioeducativo (SINASE). Brasília, DF, 2012.

_____. *Plano Nacional de Atendimento Socioeducativo:* Diretrizes e eixos operativos para o SINASE. Brasília, Secretaria de Direitos Humanos da Presidência da República, 2013.

BRITO, Leila M. T. Liberdade Assistida no horizonte da Doutrina de Proteção Integral. *Psicologia: Teoria e Pesquisa.* Rio de Janeiro, v. 23, n. 2, p. 133-138, Abr.-Jun., 2007.

Cerqueira, Daniel (Coord.) — *Atlas da violência 2018.* Fundação Instituto de Pesquisa Econômica Aplicada-IPEA. 2018. Disponível em: http://www.ipea.gov.br/portal/images/stories/PDFs/relatorio_institucional/180604_atlas_da_violencia_2018.pdf. Acesso em: 10 set. 2018.

CNAS (Conselho Nacional de Assistência Social). *Resolução n. 269,* de 13 de dezembro de 2006. Aprova o Sistema Único da Assistência Social — SUAS. Brasília, DF: CNAS, 2006.

_____. (Conselho Nacional de Assistência Social). *Resolução n. 109,* de 11 de novembro de 2009. Aprova a Tipificação Nacional dos Serviços Socioassistenciais, Brasília, DF: CNAS, 2009.

CNJ (Conselho Nacional de Justiça). *Cadastro Nacional de Adolescentes.* 2016. Disponível em: <https://www.cnj.jus.br/cnaclnovo/publico/graficos.jsf; http://www.cnj.jus.br/sistemas/infancia-e-juventude/20531-cadastro-nacional-de-adolescentes-em-conflito-com-a-lei-cnacl>. Acesso em: 12 ago. 2018.

_____. (Conselho Nacional de Justiça). *Cadastro Nacional de Adolescentes em Conflito com a Lei.* Relatório de Guias Expedidas por Tribunais de Justiça Estadual, Brasília, Conselho Nacional de Justiça, 2017.

CNMP (Conselho Nacional do Ministério Público). *Recomendação n. 26, de 28 de janeiro de 2015.* Dispõe sobre a uniformização da atuação do Ministério Público no processo de elaboração e implementação dos Sistemas Estaduais e Municipais de Atendimento Socioeducativo.

COIMBRA, Cecília. M. B. Produzindo a periculosidade do adolescente na contemporaneidade. In: MELLO, A.; CASTRO, A. L. e GEIGER, M. (Orgs.). *Conversando sobre adolescência e contemporaneidade.* Porto Alegre: Conselho Regional de Psicologia 7, 2004.

COIMBRA, Cecília M. B.; NASCIMENTO, Maria Lívia. Jovens pobres: o mito da periculosidade. In: FRAGA, Paulo Cesar Pontes; IULIANELLI, Jorge (Orgs.). *Jovens em tempo real*. Rio de Janeiro: DP&A, 2003.

CONANDA (Conselho Nacional dos Direitos da Criança e do Adolescente). Resolução n. 119, em 11 de dezembro de 2006. Dispõe sobre o Sistema Nacional de Atendimento Socioeducativo e dá outras providências. Brasília, DF: CONANDA, 2006.

COSTA, Antônio Carlos G. *Pedagogia e justiça* (1990). Disponível em: <http://www.abmp.org.br/textos/2522.htm>. Acesso em: 23 mar. 2018.

_____. *Por uma pedagogia da presença*. Brasília: Ministério da Ação Social. Brasília: Centro Brasileiro para a Infância e Adolescência (CBIA), 1991.

CRAIDY, Carmem M. Ato infracional. In: LAZZAROTTO, Gislei et al. *Medida socioeducativa*: entre A & Z. Porto Alegre: UFRGS, 2014.

DONZELOT, Jacques. *A polícia das famílias*. Rio de Janeiro: Graal, 1980.

FALEIROS, Vicente de Paula. O extermínio de crianças e adolescentes no Brasil. In: RIZZINI, Irene (Org.). *A criança no Brasil hoje:* desafio para o terceiro milênio. Rio de Janeiro: EDUSU, 1993.

FARIA, Sabrina A.; ESCOBAR, Karin; RIBEIRO, Liliane, R. O processo de implementação do Sistema Nacional de Atendimento Socioeducativo (SINASE). In: *Anais do Seminário Nacional Estado e Políticas Sociais* — Unioeste. Campus Cascavel, setembro de 2009.

FRANCO, Cássio S.; FREITAS, Raquel C. de; CARVALHO, Luiz, R. T. *Liberta*. Fortaleza: Gráfica LCR, 2018.

GARCIA, Joana; PEREIRA, Pedro. Somos todos infratores. In: *O Social em Questão*, ano XVIII, n. 31, Rio de Janeiro: PUC-Rio. Departamento de Serviço Social, 2014, p. 137-162.

GIROTO, Willian M. Assistir a liberdade. In: LAZZAROTTO, Gislei et al. *Medida socioeducativa*: entre A & Z. Porto Alegre: UFRGS, 2014.

GOMES, Maria do Rosário C. S. A relação SUAS/SINASE na execução das medidas socioeducativas em meio aberto: notas para debate. In: LIBERATI, Wilson (Coord.). *Gestão da política de direitos ao adolescente em conflito com a lei.* São Paulo: Letras Jurídicas, 2012.

GUINDANI, Miriam Krenzinger A. et al. Defesa transdisciplinar de jovens em conflito com a lei. 1. ed. Porto Alegre: Editora Nova Prata, 2005, v. 01.

HERNANDEZ, Lucia H. A.; DAVID, Alessandra. *A educação escolar de adolescentes em liberdade assistida*: um estudo sobre a política pública adotada em Ribeirão Preto (SP), 2012. Disponível em: <http://www.anped.org.br/biblioteca/item/educacao-escolar-de-adolescentes-em-liberdade-assistida-um-estudo-sobre-politica>. Acesso em: 16 set. 2018.

IBGE (FUNDAÇÃO INSTITUTO BRASILEIRO DE GEOGRAFIA E ESTATÍSTICA). *Censo de 2010.* Sistema IBGE de Recuperação Automática (Sidra). Tabelas estatísticas. Disponível em: <Sistema.bibliotecas-bdigital.fgv.br/bases/sidra-sistema-ibge-de-recuperacao-automatica>. Acesso em: 12 ago. 2018.

_____. *Censo de 2010. Sidra — Sistema IBGE de Recuperação Automática. Tabelas Estatísticas,* Brasília, Instituto Brasileiro de Geografia e Estatística, 2010.

ILANUD. Instituto Latino-Americano das Nações Unidas para Prevenção do Delito e Tratamento do Delinquente. *Mapeamento Nacional de Medidas Socioeducativas em Meio Aberto* — Relatório resumido. Secretaria Especial de Direitos Humanos. Brasília, 2007.

_____. FBSP. *Atlas da violência 2018.* Coord. Daniel Cerqueira. Rio de Janeiro, jun. 2018. Disponível em: <http://www.ipea.gov.br/portal/images/stories/PDFs/relatorio_institucional/180604_atlas_da_violencia_2018.pdf>. Acesso em: 10 set. 2018.

JULIÃO, Elionaldo F.; OLIVEIRA, Vivian. Sistema de Garantia de Direitos: Questões e perspectivas para uma política socioeducativa. In: ZAMORA, Maria H.; OLIVEIRA, Maria C. (Orgs.). *Adolescência, socioeducação e direitos humanos,* p. 69-82, Curitiba: Appris Ed., 2017.

MACIEL, Débora N.; KOERNER, Andrei. Sentidos da judicialização da política: duas análises. In: *Revista Lua Nova*, n. 57, p. 113-134, 2002.

MANSUR, Sâmea. *O fenômeno da judicialização na sociedade contemporânea.* JusBrasil, 2016 Disponível em: <https://samealuz.jusbrasil.com.br/artigos/389418859/o-fenomeno-da-judicializacao-na-sociedade-contemporanea>. Acesso em: 20 jun. 2018.

MEC (Ministério da Educação). MEC-SESu. Edital Proext-2015. Relatório de pesquisa *Juventude e cumprimento de medidas socioeducativas em meio aberto. Entre garantia de direitos e a judicialização.* Programa de extensão comunitária. Rio de Janeiro: PUC-Rio; CIESPI/PUC-Rio; PUCSP, abril de 2018.

MEDEIROS, Amanda. Judicialização ou ativismo judicial? Entenda a diferença, 2016. Disponível em: <http://www.politize.com.br/judicia lizacao-e-ativismo-judicial/>. Acesso em: 10 ago. 2018.

MDS (Ministério do Desenvolvimento Social e Agrário). *Caderno de orientações técnicas:* serviço de medidas socioeducativas em meio aberto. Secretaria Nacional de Assistência Social. Brasília: MDS, 2016.

_____. SNAS. DG-SUAS. *Pesquisa*: medidas socioeducativas em meio aberto — resultados nacionais. Disponível em: <http://blog.mds.gov.br/redesuas/pesquisa-mse/>. rede.suas@mds.gov.br. jun. 2018. Acesso em: 11 out. 2018.

MORAES, Evaristo de. *Creanças abandonadas e creanças criminosas*: notas e observações. Rio de Janeiro: Guimarães, 1900.

MOREIRA, Celeste A. B. D. *Violência Institucional*: um estudo sobre a execução de medidas socioeducativas no Rio de Janeiro. Tese (Doutorado em Serviço Social). Universidade Federal do Rio de Janeiro, Programa de Pós-Graduação da Escola de Serviço Social. Rio de Janeiro, 2011.

MURAT, Kelly D. Dos Códigos de Menores ao SINASE: as alterações nas diretrizes de atendimento ao adolescente autor de ato infracional. In: ABDALLA, Janaina F. S.; SENA, Almir R.; SILVA, Saturnina P. (Orgs.). *Ações socioeducativas:* municipalização das medidas em meio aberto do Estado do Rio de Janeiro. Rio de Janeiro: SEEDUC-DEGASE, 2010.

Adolescências, Direitos e Medidas Socioeducativas em Meio Aberto 121

OLIVEIRA, Antonio Carlos de.; RODRIGUES, Adriana S. Adolescentes negras em conflito com a lei e proteção social. In: ZAMORA, Maria H.; OLIVEIRA, Maria C. (Orgs.). *Adolescência, socioeducação e direitos humanos.* Curitiba: Appris, 2017.

OLIVEIRA, Antonio Carlos de. Judicialização das relações sociais. In: *O Social em Questão,* ano XVIII, n. 31, Rio de Janeiro: PUC-Rio. Departamento de Serviço Social, p. 9-12, 2014.

OLIVEIRA, Magda M. Processo socioeducativo. In: LAZZAROTTO, Gislei et al. *Medida socioeducativa:* entre A & Z. Porto Alegre: UFRGS, 2014.

PAIVA, Ataulpho de. *Justiça e assistência:* os novos horizontes. Rio de Janeiro: Typ. do Jornal do Commercio, 1916.

PASSAMANI, Maria Emília; ROSA, Edinete Maria. Conhecendo um programa de liberdade assistida pela percepção de seus operadores. *Rev. Psicol. Cienc. Prof.,* Brasília, 2009.

PASTORAL DO MENOR. *Liberdade Assistida:* um projeto em construção. Belo Horizonte: Pastoral do Menor, 2010.

PREFEITURA SP. *Serviço de Medidas Socioeducativas em Meio Aberto.* Postado em 14 de fevereiro de 2018. Disponível em: <http/prefeitura.sp.gov.br>. Acesso em: 12 ago. 2018.

RIZZINI, Irene. *O século perdido.* Raízes históricas das políticas públicas para a infância no Brasil. 3. ed. São Paulo: Cortez, 2011.

RIZZINI, Irene; BARBOSA, Mara C. F. O descompasso político entre políticas e práticas de direitos de adolescentes que requerem atenção em saúde mental. In: LOBO, Lilia F.; FRANCO, Débora A. (Orgs.). *Infâncias em devir.* Ensaios e pesquisas. Rio de Janeiro: Garamond, 2018.

RIZZINI, Irene; RIZZINI, Irma. *A institucionalização de crianças no Brasil:* perspectivas históricas e desafios do presente. Rio de Janeiro: Ed. PUC-Rio/Loyola, 2004.

ROCHA, Enid; BOTELHO, Rosana U. (Org.) *Dimensões da experiência juvenil brasileira: novos desafios às políticas públicas.* Fundação Instituto de Pesquisa Econômica Aplicada-IPEA, 2016.

RODRIGUES, Marcela M.; MENDONÇA, Angela. Algumas reflexões acerca da Socioeducação. Revista *Igualdade Temática: Medidas Socioeducativas em Meio Aberto.* n. 42. v. I. Impresso no Núcleo de Comunicação Institucional — MPPR, março 2008.

SANTOS, Silvia M. A.; RIFIOTIS, Theophilos. Cuidadores familiares de idosos, judicialização e reprivatização. In: GROSSI, Miriam Pilar; SCHWADE, Elisete. *Política e Cotidiano:* estudos antropológicos sobre gênero, família e sexualidade. p. 95-114. Florianópolis: Nova Letra, 2006.

SIERRA, Vânia M. A judicialização da política no Brasil e a atuação do assistente social na justiça. *Revista Katálysis,* Florianópolis, v. 14, n. 2, p. 256-264, jul./dez. 2011.

SILVA, Ivani R. O.; SALLES, Leila M. F. Adolescente em liberdade assistida e a escola. *Estudos de Psicologia.* Campinas, 28(3). p. 353-362. jul.-set., 2011.

SPOSATI, Aldaíza. Assistência social: de ação individual a direito social. *Revista Brasileira de Direito Constitucional.* São Paulo, n. 10, p. 435-458, jul./dez. 2007.

TEIXEIRA, Maria de Lourdes, T. Medida socioeducativa. In: LAZZAROTTO, Gislei et al. *Medida socioeducativa:* entre A & Z. Porto Alegre: UFRGS, 2014.

UNICEF (Fundo das Nações Unidas para a Infância). Relatório de 2011. *Situação mundial da infância e adolescência.* Brasília: UNICEF, 2011.

VIANNA, Adriana R. B. Quem deve guardar as crianças? Dimensões tutelares da gestão contemporânea da infância. In: SOUZA LIMA, A. C. (org.). *Gestar e Gerir.* Estudos para uma antropologia da administração pública no Brasil. p. 271-312. Rio de Janeiro: Relume-Dumará, 2002.

VIANNA, Luís W. *et al. A judicialização da política e das relações sociais no Brasil.* Rio de Janeiro: Revan, 1999.

WACQUANT, Loïc. *As prisões da miséria.* Rio de Janeiro: Zahar, 2001.

ZAMORA, Maria H.; OLIVEIRA, Maria C. (Orgs.). *Adolescência, socioeduação e direitos humanos.* Curitiba: Appris, 2017.

ZARIAS, Alexandre. A "doença mental", Balzac e os temas da interdição. In: ZARIAS, A. *Negócio público e interesses privados.* A interdição civil e os dramas de família. p. 113-142. São Paulo: Editora Hucitec/ANPOCS, 2005.

Leituras afins e/ou filmografia

ABDALLA, Janaína F. S.; SENA, Almir R.; SILVA, Saturnina P. (Orgs.). *Ações Socioeducativas: municipalização das medidas em meio aberto do Estado do Rio de Janeiro*. SEEDUC-DEGASE, Rio de Janeiro, 2010.

ARRUDA, Maurizete S.; FERNANDES, Janine D.; SILVA, Renaud B. N. Os desafios para a efetivação do SINASE no Centro de Referência Especializado de Assistência Social, CREAS. In: ABDALLA, Janaina F. S.; SILVA, Saturnina P. (Orgs). *Ações socioeducativas, saberes e práticas — formação dos operadores do sistema socioeducativo do estado do Rio de Janeiro*. 1. ed. NOVO DEGASE, Rio de Janeiro, 2013.

BAPTISTA, Myrian Veras. *Difíceis ganhos fáceis — drogas e juventude no Rio de Janeiro*. Rio de Janeiro: Revan, 2003.

CELESTINO, Sabrina. Adolescente e ato infracional: considerações sobre a atuação do assistente social. In: *O Social em Questão*. Rio de Janeiro: PUC-Rio. Departamento de Serviço Social, n. 35, Ano XIX, p. 193-210, 2016.

COSTA, Antonio Carlos G. da. A relação público-privado na execução das medidas socioeducativas. In: *Revista Brasileira Adolescência e Conflitualidade*. 1(1):i-IX, 2009.

COSTA, Cláudia R. B.; ASSIS, Simone G. Fatores protetivos a adolescentes em conflito com a lei no contexto socioeducativo. *Psicologia & Sociedade*, Porto Alegre, 18(3), 74-81. 2006.

CRAIDY, Carmen Maria; LAZZAROTTO, Gislei D. R.; OLIVEIRA, M. M. (Orgs.). *Processos educativos com adolescentes em conflito com a lei.* Porto Alegre: Mediação, 2012.

FERREIRA, Luiz Antonio M. Execução das medidas socioeducativas em meio aberto: liberdade assistida e prestação de serviço à comunidade. In: ILANUD; ABMP; SEDH; UNFPA (Orgs.). *Justiça, adolescente e ato infracional: socioeducação e responsabilização.* São Paulo: INALUD, 2006

GOMES, Clara C.; CONCEIÇÃO, Maria I. G. Sentidos da trajetória de vida para adolescentes em medida de liberdade assistida. In: *Revista Psicologia em Estudo,* Curitiba, 2014.

LIMA, Marcus A. A.; MOTA, Flávia M. Crime, castigo e recuperação: como adolescentes são representados em uma série de reportagens de uma TV brasileira. In: *Intercom ▯ Revista Brasileira de Ciências da Comunicação,* São Paulo, 2015.

MARCON, Osvaldo A. Justicia juvenil: diagnosis y prognosis ante la necesidad de re-legitimar la intervención. In: *Revista Pensamiento Penal,* Buenos Aires, Asociación de Pensamiento Penal, edición 16-1-2017. Disponível em: <www.cuestionsocial. com.ar>. Acesso em: 15 mar. 2019.

MOREIRA, Jacqueline O. et al. Plano Individual de Atendimento (PIA) na perspectiva dos técnicos da semiliberdade. In: *Serviço Social e Sociedade,* São Paulo, 2015.

NÚCLEO DE ASSESSORIA TÉCNICA PSICOSSOCIAL — NAT/MPSP. *Panorama Geral dos serviços de medidas socioeducativas de meio aberto no muniápio de São Paulo.* Ministério Público do Estado de São Paulo. São Paulo/2018. Disponível em: <http://www.mpsp.mp.br/portal/pls/portal/!PORTAL.wwpob_page.show?_ docname=2630996>. Acesso em: 15 mar. 2019.

PASSETI, Edson. *O mundo do menor infrator.* São Paulo: Cortez, 1987.

PRATES, Flávio Cruz. *Adolescente infrator. A prestação de serviços à comunidade.* Curitiba: Juruá, 2001.

RAMIDOFF, Mario Luiz. *Lições de direito da criança e do adolescente. Ato infracional e medidas socioeducativas.* 4. ed. Curitiba: Juruá, 2017.

RIZZINI, Irene; VALE, Juliana Batistuta. Revisitando a velha questão da redução da maioridade penal. *In:* ALEXANDER, Bruce K.; MERHY, Emerson Elias; SILVEIRA, Paulo (Orgs.). *Criminalização ou acolhimento?* Políticas e práticas de cuidado a pessoas que também fazem o uso de drogas [recurso eletrônico]. 1. ed. Porto Alegre: Rede UNIDA, 2018.

ROSA, Alexandre Morais da. *Direito infracional: garantismo, psicanálise e movimento antiterror.* 1. ed. Florianópolis: Habitus, 2005.

SALIBA, Maurício G. *O olhar do poder:* análise crítica da proposta educativa do Estatuto da Criança e do Adolescente. São Paulo: UNESP, 2007.

SARAIVA, João Batista Costa. *Compêndio de direito penal juvenil. Adolescente e ato infracional.* Porto Alegre: Livraria do Advogado, 2005.

SOUZA, Rosimere; ROCHA, Louise L. S.; TOLÊDO, Herculis P. *O Município e a política de atendimento socioeducativo.* Rio de Janeiro: IBAM, 2018.

SOUZA, Adilson F.; HASHIZUME, Eiko; FONTES, Marcia A.; BUONO Noeli. (Orgs.). *Medidas socioeducativas em meio aberto.* Fundação Casa. Governo do Estado de São Paulo, 2009.

SPOSATI, Aldaíza; MONTEIRO, Miguel et al. *Desigualdades nos territórios da cidade: métricas sociais intraurbanas em São Paulo.* São Paulo, EDUC, 2017. Disponível em: <http://www.pucsp.br/educ/cedepe/Desiguladades_nos_territorios_da_cidade_ Anexo_ digital.pdf>. Acesso em: 15 mar. 2019.

UNICEF. *Municipalização das medidas socioeducativas em meio aberto*: dicas e orientações. Brasília, Distrito Federal: 2014.

VICENTIM, Maria Cristina G. *A vida em rebelião. Jovens em conflito com a lei.* São Paulo: Hucitec, 2005.

VAVASSORI, Mariana B.; TONELI, Maria J. F. Propostas de Redução da Maioridade Penal: a Juventude Brasileira no Fio da Navalha? In: *Psicologia: ciência e profissão,* Brasília, CFP, 2015.

VIOLANTE, Maria Lucia V. *O dilema do decente malandro.* São Paulo: Cortez, 1989.

Filmes, documentários:

1) Entre a luz e a sombra
https://www.youtube.com/watch?v=rxCbhAQmfXM

2) Justiça
https://www.youtube.com/watch?v=94U2ypC4v0A

3) Juízo (sobre adolescentes autor de ato infracional)
https://www.youtube.com/watch?v=HfMcMIp_7Ao

4) O prisioneiro da grade de ferro
https://www.youtube.com/watch?v=2Oap5lUSp6w

5) Sem pena
https://youtu.be/2pctKmjMigQ

6) Quanto mais presos, maior o lucro
https://vimeo.com/96243525?width=1080

7) Quando a casa é a rua (CIESPI/PUC-Rio/CODENI, México)
www.ciespi.org.br
https://www.youtube.com/watch?v=2FgNHmMqAoE

8) O cárcere e a rua
https://www.youtube.com/watch?v=fr3blY9FlOo

9) Pixote, a lei do mais fraco (1980)
https://www.youtube.com/watch?v=_CT7bOnhrsY

10) É disso que eu tô falando (2016)
https://www.youtube.com/watch?v=i-GhmFGkxU0

Anexo

Relação dos participantes da pesquisa:

Juventude e cumprimento de medidas socioeducativas em meio aberto: entre a garantia de direitos e a judicialização.

Parcerias:

PUC-RIO — Departamento de Serviço Social; CIESPI/PUC-Rio (Centro Internacional de Estudos e Pesquisas sobre a Infância)

PUC-SP — Programa de Estudos Pós Graduados em Serviço Social; NEPSAS (Núcleo da Seguridade e Assistência Social (NEPSAS),

Equipes de pesquisa:

Equipe PUC-Rio

Coordenação geral: Irene Rizzini

Coordenação de pesquisa, ensino e extensão: Irene Rizzini e Antonio Carlos de Oliveira

Pesquisa/consultoria: Sindely Alchorne, Sabrina Celestino; Luciana Araujo

Bolsistas/Estagiários de Iniciação Científica (Departamento de Serviço Social da PUC-Rio): Ana Gabriela de Paiva Gonçalves, Claudia Cristina Ferreira de Freitas, Ivanize Souza Mota de Oliveira, Márcia de Albuquerque Soares, Mônica Regina de Almeida Figueiredo, Pedrilson de Souza Magalhães

Equipe da PUC-SP:

Coordenação geral: Aldaíza Sposati

Equipe: Fabiana Vicente de Moraes, Valdenia Aparecida Paulino Lanfranchi, Marília Cerqueira Lima, Eliana Maria Ribeiro Garrafa, Isabel Cristina Bueno da Silva, Raquel Serranoni Costa, Jose Maestro de Queiroz, Tathiane May Anazawa

Colaboradores: Eloisa Gabriel dos Santos, Fabiana Gianetti Duarte, Fabiana de Gouveia Pereira, Katia Cristina dos Reis, Marcelo Gallo, Max Dante, Maria Cristina de Oliveira, Paulo de Tarso Meira, Sueli Santiago, Tainah Rosa Resplande, Thabata Dapena Ribeiro, Tania Beckmann

Apoio:

Projeto de Pesquisa e Extensão — Edital PROEXT2015 — MEC/SESu (Programa de Extensão Comunitária), Bolsa Doutorado e Mestrado CAPES, Bolsa Mestrado e Doutorado-CNPq, Bolsa Produtividade em Pesquisa CNPq.